Rudolf und Siegrun Weiss

Skitouren Zillertaler Alpen Tuxer Alpen

Steiger-Skitourenführer

STEIGER VERLAG

Die Autoren:
Univ.-Prof. Dr. Rudolf Weiss ist Professor für Erziehungswissenschaften und Ausbildungsleiter für Tourenskilauf an der Universität Innsbruck. Er hat sich durch seine Tätigkeit und zahlreiche Publikationen einen Namen gemacht. Seine Frau Siegrun unterstützt ihn bei seinen Unternehmungen und Veröffentlichungen.

Die Deutsche Bibliothek – CIP-Einheitsaufnahme

Weiß, Rudolf:
Skitouren Zillertaler Alpen, Tuxer Alpen / Rudolf und Siegrun Weiß. – Augsburg : Steiger, 1997
  (Steiger-Skitourenführer)
  ISBN 3-89652-070-9

Autoren und Verlag haben sich bei diesem Führer gewissenhaft um verläßliche Angaben bemüht. Eine Haftung irgendeiner Art kann jedoch nicht übernommen werden. Die Verantwortung für die Routenwahl und die Einschätzung alpiner Gefahren trägt jeder Tourengeher und Skibergsteiger selbst.

Es ist nicht gestattet, Abbildungen dieses Buchs zu scannen, in PCs oder auf CDs zu speichern. Ebenso unzulässig ist die Veränderung oder Manipulation in PCs/Computern, es sei denn mit schriftlicher Genehmigung des Verlags.

Gedruckt auf chlorfrei gebleichtem Papier.

Steiger Verlag
© 1997 Weltbild Verlag GmbH, Augsburg
Alle Rechte vorbehalten
Lektorat: Frank Heins
Kartenskizzen: nach Vorlagen von Siegrun Weiss
Umschlaggestaltung und Layoutentwurf: hummel & fette, Neuburg/Donau
Satz und Reproduktion: Kaltner Media GmbH, Bobingen
Druck und Bindung: Appl, Wemding

Einbandvorderseite: Rückblick zum Kraxentrager (Nr. 39, Bildmitte); Einbandrückseite: Bei solchen Schneeverhältnissen ist die Abfahrt vom Pangert (Nr. 43) ein besonderer Genuß; S. 1: Großartige Abfahrt vom Rastkogel (Nr. 42)!; S. 2/3: Mölser Sonnenspitze (Nr. 73) im Tourenbereich der Lizumer Hütte.
Sämtliche Farbaufnahmen in diesem Buch: Siegrun und Rudolf Weiss

Printed in Germany

ISBN 3-89652-070-9

Rudolf und Siegrun Weiss

Skitouren
Zillertaler Alpen
Tuxer Alpen

Steiger-Skitourenführer

Inhaltsverzeichnis

Vorwort 10
Einführung 12
Erläuterung der Kurzbeschreibungen (Höhenmeter und
Anstiegszeit, skitechnische und klettertechnische Schwierigkeit,
Lawinengefährdung, vorwiegende Hangrichtung und günstige
Zeit), Routenskizzen und Landkarten 12
Wald und Wild 17

Tourenbereich Gerlos – Gerlostal
Ausgangspunkt Gasthaus „Finkau"
1 Wildkarspitze, 3076 m (mittelschwer, ab Skidepot I) 20
Ausgangspunkt Gerlos – Schönachtal
2 Schönbichl, 2050 m (unschwierig) 22
Ausgangspunkt Gmünd – Wimmertal
3 Roller, 1945 m (unschwierig) 23
4 Schafkogel, 2096 m (mittelschwer) 24
Ausgangspunkt Gasthaus „Kühle Rast"
5 Höhenbergkarkopf, 2792 m (mittelschwer) 26
6 Torhelm, 2452 m (mittelschwer, ab Skidepot I) 27
7 Brandberger Seespitze, 2390 m (unschwierig) 28
Ausgangspunkt Hainzenberg
8 Geißkopf, 2277 m (unschwierig) 29
9 Hochfeld, 2350 m (mittelschwer) 30
10 Brandberger Seespitze, 2390 m (unschwierig) 31
11 Torhelm, 2452 m (unschwierig, ab Skidepot I) 33

Tourenbereich Mayrhofen
Ausgangspunkt Zemmgrund – Berliner Hütte
12 Schönbichler Horn, 3133 m (mittelschwer) 37
13 Großer Möseler, 3478 m (schwierig) 38
14 Berliner Spitze, 3253 m (mittelschwer, ab Skidepot I) 39
15 Schwarzenstein, 3368 m (mittelschwer) 40
Ausgangspunkt Zamser Grund – Dominikushütte
16 Olperer, 3476 m 42
(schwierig, ab Skidepot mäßig schwierige Kletterei)

17 Schrammacher, 3411 m (mittelschwer, ab Skidepot I) 44
18 Hohe Wand, 3286 m (schwierig, ab Skidepot I) 45
19 Rotbachlspitze, 2895 m (schwierig, ab Skidepot I) 45

Tourenbereich Tuxer Tal – Finkenberg, Lanersbach, Tux
Ausgangspunkt Hintertuxer Gletscherbahn
20 Olperer, 3476 m (schwierig, ab Skidepot II) 49
21 Kleiner Kaserer, 3090 m (unschwierig, ab Skidepot I) ... 50
22 Hoher Riffler, 3228 m (mittelschwer) 50
23 Realspitze, 3038 m (schwierig) 52
Ausgangspunkt Finkenberg
24 Mittlere Grinbergspitze, 2867 m (schwierig, ab Skidepot I) 56
Ausgangspunkt Lanersbach
25 Nestspitze, 2965 m (mittelschwer, ab Skidepot I) 58
26 Grüblspitze, 2395 m (unschwierig) 59
27 Madseitberg, 2292 m (mittelschwer) 60
28 Geier, 2857 m (mittelschwer) 62
29 Rastkogel, 2762 m (mittelschwer) 64
30 Nafingjoch, 2440 m (mittelschwer) 65
31 Halslspitze, 2574 m (unschwierig) 65
32 Hobarjoch, 2512 m (unschwierig) 66
33 Almkogel, 2419 m (unschwierig) 66
34 Torspitze, 2663 m (von Nord, schwierig) 67
35 Hippoldspitze, 2643 m (schwierig) 67
36 Torwand, 2771 m (schwierig) 68
37 Torspitze, 2663 m (von Süd, mittelschwer) 68

Tourenbereich Unteres Zillertal
Ausgangspunkt Atlas-Sportalm – Rastkogelhütte
38 Rauhenkopf, 2268 m (unschwierig) 70
39 Kraxentrager, 2423 m (mittelschwer) 71
40 Marchkopf, 2499 m (mittelschwer) 73
41 Roßkopf, 2576 m (mittelschwer) 73
42 Rastkogel, 2762 m (mittelschwer) 74
43 Pangert, 2550 m (schwierig) 75
Ausgangspunkt Fügen, Hochfügen
44 Wetterkreuzspitze, 2254 m (mittelschwer) 77
45 Kleiner Gamsstein, 1924 m (unschwierig) 78
46 Sonntagsköpfl, 2244 m (mittelschwer) 81

47 Marchkopf, 2499 m (mittelschwer) 82
48 Kraxentrager, 2423 m (mittelschwer) 82
49 Roßkopf, 2576 m (mittelschwer) 83
50 Gilfert, 2506 m (mittelschwer, ab Skidepot I) 84

Tourenbereich Schwaz
Ausgangspunkt Gasthof Hausstatt
51 Gilfert, 2506 m (mittelschwer) 87
Ausgangspunkt Gasthof Innerst
52 Gilfert, 2506 m (mittelschwer) 88
53 Roßlaufspitze, 2248 m – von NO (mittelschwer) 90
54 Roßlaufspitze, 2248 m – von W (mittelschwer) 91
55 Hoher Kopf, 2373 m (mittelschwer) 93
56 Wildofen, 2553 m (mittelschwer) 94
Ausgangspunkt Nafinghütte
57 Hoher Kopf, 2373 m (mittelschwer) 95
58 Nafingköpfl, 2454 m (mittelschwer) 96
59 Halslspitze, 2574 m (unschwierig) 97
60 Nafingjoch, 2440 m (unschwierig) 99
61 Hobarjoch, 2512 m (mittelschwer) 99
62 Almkogel, 2419 m (mittelschwer) 102
63 Grafensspitze, 2619 m (mittelschwer) 103
64 Hippoldspitze, 2643 m (mittelschwer) 104
65 Hirzer, 2725 m (schwierig) 104

Tourenbereich Wattens/Wattener Lizum
Ausgangspunkt Wattental bis Lager Walchen
66 Rote Wand, 2252 m (mittelschwer) 107
67 Hirzer, 2725 m (mittelschwer) 108
68 Grafensspitze, 2619 m (mittelschwer) 109
69 Hippold, 2643 m (mittelschwer) 111
Ausgangspunkt Lizumer Hütte
70 Eiskarspitze, 2611 m (unschwierig) 112
71 Torspitze, 2663 m (unschwierig) 114
72 Graue Wand, 2594 m (unschwierig) 114
73 Mölser Sonnenspitze, 2496 m (mittelschwer) 114
74 Mölser Berg, 2479 m (unschwierig) 115
75 Torwand, 2771 m (mittelschwer) 115
76 Pluderlinge, 2778 m (mittelschwer) 117

77 Geier, 2857 m (mittelschwer) 117
78 Lizumer Reckner, 2886 m (mittelschwer, ab Skidepot I) 120
79 Lizumer Sonnenspitze, 2831 m (mittelschwer) 120
80 Tarntaler Köpfe, 2757 m (schwierig, ab Skidepot II) ... 122
81 Klammspitze, 2515 m (unschwierig) 122
82 Südlicher Tarntaler Kopf, 2681 (schwierig, ab Skidepot I) 122

Tourenbereich Volders, Tulfes – Volderer Tal
83 Largoz, 2214 m (mittelschwer) 124
84 Wattenspitze, 2321 m (mittelschwer) 125
85 Roßkopf, 2382 m (mittelschwer) 125
86 Glungezer, 2677 m (mittelschwer) 126

Tourenbereich Innsbruck-Igls
Ausgangspunkt Viggartal, Meißner Haus
87 Morgenkogel, 2607 m (unschwierig) 130
88 Kreuzspitze, 2746 m (mittelschwer) 133
89 Glungezer, 2677 m (mittelschwer) 133
90 Viggarspitze, 2306 m (schwierig) 134
Ausgangspunkt Parkplatz Hinterlarcher
91 Pfoner Köpfl, 2334 m (unschwierig) 134
92 Kreuzjöchl, 2640 m (mittelschwer) 135
93 Seeköpfl, 2717 m (schwierig) 135
94 Grünbergspitze, 2790 m (schwierig) 137
95 Rosenjoch, 2796 m (schwierig) 137
96 Kreuzspitze, 2746 m (schwierig) 138
97 Morgenkogel, 2607 m (mittelschwer) 138

Tourenbereich Matrei und Steinach a.Br. – Naviser Tal
98 Mislsjoch, 2298 m (unschwierig) 140
99 Mislskopf, 2623 m (mittelschwer) 142
100 Bärenkopf, 1837 m (mittelschwer) 143
101 Schröflkogel, 2153 m (unschwierig) 143
102 Bendelstein, 2436 m (mittelschwer) 144
103 Sunntiger, 2400 m (schwierig) 144
104 Bendelstein, 2436 m (schwierig) 145
Ausgangspunkt Navis
105 Schafseitenspitze, 2602 m (schwierig) 146
106 Hohe Warte, 2398 m (mittelschwer) 146

107 Naviser Kreuzjöchl, 2536 m (mittelschwer) 147
    Ausgangspunkt Liesn
108 Wetterkreuz, 2148 m (mittelschwer) 149
109 Pfoner Kreuzjöchl, 2640 m (schwierig) 149
110 Grünbergspitze, 2790 m (mittelschwer) 150
111 Sonnenspitze, 2620 m (schwierig) 151
    Ausgangspunkt Naviser Hütte
112 Naviser Kreuzjöchl, 2536 m (mittelschwer) 152
113 Geier, 2857 m (mittelschwer) 153
114 Lizumer Reckner, 2886 m (mittelschwer, ab Skidepot I) 154

Tourenbereich St. Jodok am Br. – Valser Tal, Schmirntal
    Ausgangspunkt Valser Tal
115 Padauner Kogel, 2066 m (schwierig) 156
116 Padauner Berg, 2228 m (mittelschwer) 157
117 Vennspitze, 2390 m (unschwierig) 158
118 Silleskogel, 2418 m (schwierig) 158
119 Saxalmwand, 2630 m (schwierig) 159
120 Olperer, 3476 m (mittelschwer, ab Skidepot II) 160
    Ausgangspunkt Schmirntal
121 Valser Leiten, 2079 m (mittelschwer) 162
122 Ottenspitze, 2179 m (mittelschwer) 162
123 Gammerspitze, 2537 m (schwierig) 163
124 Rippenspitze, 2461 m (schwierig) 164
125 Hoher Napf, 2247 m (mittelschwer) 164
126 Jochgrubenkopf, 2453 m (schwierig) 165
127 Kleiner Kaserer, 3093 m (schwierig) 166
128 Olperer, 3476 m (schwierig, ab Skidepot II) 167
129 Kleiner Kaserer, 3093 m (sehr schwierig, ab Skidepot I) . 168
130 Hochgeneiner Jöchl, 1981 m (mittelschwer) 169
131 Sumpfkopf, 2343 m (mittelschwer) 170
132 Kreuzjöchl, 2536 m (schwierig) 171

Tourenbereich Gries a. Br.
133 Padauner Kogel, 2066 m (unschwierig) 172
134 Kraxentrager, 2999 m (schwierig, ab Skidepot I) 173
135 Wildseespitze, 2733 m (schwierig) 174
136 Wolfendorn, 2776 m (mittelschwer) 175
    Literatur/Register 176

Vorwort

Die Zillertaler und die Tuxer Alpen warten mit einer Fülle von Tourenmöglichkeiten auf, die vom Frühwinter bis zum Frühsommer reichen. Die Unterschiede zwischen den beiden Gebirgsgruppen sind allerdings beträchtlich. Die vergletscherten Gipfel der Zillertaler Alpen sind in den meisten Fällen nur nach einer Hüttennächtigung erreichbar. Diese Hütten sind in der Tourensaison geschlossen, die Hüttenanstiege zudem häufig lawinenbedroht. Auch die Gletscher sind vielfach unangenehmer als in den Stubaier oder Ötztaler Alpen – wilder und zerrissener.

Die Tuxer Alpen sind das eigentliche Tourenparadies in unserem Gebiet. Die Gipfel sind zwar vielfach rauher, steiler und felsiger als die Graskuppen der Kitzbüheler Alpen. Dennoch ist es auch in den Tuxer Alpen möglich, bereits nach den ersten Schneefällen im November oder Dezember mit dem Tourenjahr zu beginnen. Dasselbe gilt für die „zahmen" Anstiege in den Zillertaler Alpen, z.B. aus dem Gerlostal, die wegen der kurzen Anfahrt bei bayerischen Tourenfreunden sehr beliebt sind, oder auch für einige Touren im Valser und im Schmirntal.

Im Laufe von Jahrzehnten haben wir Hunderte verschiedene Anstiege in diesem herrlichen Gebiet der Zillertaler und der Tuxer Alpen begangen – teils beruflich im Rahmen von Ausbildungskursen im Tourenskilauf am Sportinstitut der Universität Innsbruck, teils privat – allein oder mit Freunden. Wollten wir sie alle beschreiben, kämen wir auf den uns zur Verfügung stehenden Seiten über eine bloße Aufzählung kaum hinaus. Wir haben deshalb eine Auswahl getroffen und uns auf den Nordtiroler Anteil der Zillertaler Alpen beschränkt. Verzichtet haben wir auch (mit einer einzigen Ausnahme) auf Gletschertouren, für die keine bewirtschafteten Hütten als Ausgangspunkte zur Verfügung stehen.

Rudolf und Siegrun Weiss,
Innsbruck, im März 1997

Aufstieg zum Olperer (Nr. 20) – bis zum „Schneegupf" mit Ski möglich.

Einführung

Die Gliederung unseres Buches erfolgt nach Tälern. Die Anstiege im Bereich eines bestimmten Tales werden zu **„Tourenbereichen"** zusammengefaßt. Diese Zusammenfassungen sollen die Planung eines längeren Aufenthaltes erleichtern. Innerhalb von Tourenbereichen werden häufig Anstiege zusammengefaßt, die an einem bestimmten **Ausgangspunkt** beginnen.

Mitunter müssen Informationen eingeholt (z.B. Schneeverhältnisse, Lawinengefährdung, Hüttenbewirtschaftung) oder Quartiere bestellt werden. Zu diesem Zweck sind bei allen Tourenbereichen Anschriften und Telefonnummern der zuständigen **Fremdenverkehrsverbände** angeführt. Die Vorwahlnummer gilt für Anrufe innerhalb Österreichs. Wer aus dem Ausland anruft, muß sich erst in das österreichische Fernsprechnetz einwählen (00 43). Die erste Null der österreichischen Vorwahl wird bei der Wahl der Nummer weggelassen.

KURZBESCHREIBUNGEN

Die Kurzbeschreibungen liefern für jede Tour in knapper Form die wichtigsten Angaben: Höhenmeter, Anstiegszeit, skitechnische und klettertechnische Schwierigkeit, Lawinengefährdung, Hauptrichtung der Abfahrt und günstige Zeit.

Die **Gehzeiten** sind knapp berechnet und werden nur bei gutem Trainingszustand und günstigen Bedingungen (z.B. keine schwere Spurarbeit, keine „Wolke" von einem Rucksack) erreicht werden. Nicht eingeschlossen sind Rastpausen und Zeit für verschiedene Manipulationen wie Felle ab- und aufziehen bei Gegenanstiegen.

Die **skitechnischen Schwierigkeiten** hängen von der Steilheit des Geländes und vom Spielraum ab, den ich für meine Schwünge habe. Die Schneeverhältnisse bedingen die Schwierigkeiten in hohem Maße mit. Sie können natürlich nicht berück-

Gipfelrast auf dem Kleinen Gilfert – mit Blick zum Großen Gilfert (Nr. 50).

sichtigt werden. Der Benützer dieses Tourenführers muß selbst entscheiden, ob die Verhältnisse als „normal", „ungewöhnlich günstig" oder „ungünstig" zu betrachten sind. Im „Normalfall" verstehen wir

- unter **„leicht"** bzw. **„unschwierig"** einen Anstieg, der keine Hänge mit einer Steilheit von mehr als 30 Grad und keine Engstellen aufweist. Selbst diese Anstiege setzen eine gute Skitechnik voraus, und „leicht" bedeutet nicht, daß man sie mit einem „Schneepflugkönnen" befahren sollte.
- unter **„mittelschwierig"** Anstiege, die Steilhänge bis zu 35 Grad aufweisen. Steilhänge werten wir als solche, wenn sie sich über mindestens 50 Höhenmeter erstrecken.
- unter **„schwierig"** Anstiege mit Steilhängen bis zu 40 Grad, die auch bei günstigen Verhältnissen ein hervorragendes skiläuferisches Können erfordern, wenn die Abfahrt nicht zur Qual oder sogar zur Gefahr werden soll!

Engstellen, die den **Spielraum für die Schwünge** einschränken, können durch ein Bachbett geschaffen werden, durch einen Hohlweg, einen steilen Wald oder eine schmale Rinne. In diesen

Fällen wird die Schwierigkeit um eine Stufe „aufgewertet".
Das skiläuferische Können der Tourengeher hat zugenommen. Deshalb wurden gelegentlich auch ungewöhnlich steile Abfahrten aufgenommen. Derartige Abfahrten werden als **„sehr schwierig"** bezeichnet. Auch wenn einige dieser Abfahrten gar nicht so selten befahren werden, sollte man sich stets bewußt bleiben, daß sie nicht nur gutes skitechnisches Können, sondern auch günstige Verhältnisse erfordern, wenn man sie mit vertretbarem Risiko befahren möchte.

Auch **klettertechnische Schwierigkeiten** spielen eine Rolle. Manche Skitouren in den Zillertaler Alpen (kaum einmal in den Tuxer Alpen) erfordern einen erprobten Skibergsteiger, der auch leichten Klettereien gewachsen ist. Wir unterscheiden:
- Kann ein Gipfel mit Ski oder zu Fuß ohne Klettern erreicht werden, bezeichnen wir ihn als **„unschwierig"**. (Diese Einstufung gilt für Geübte; Ungeübte können hier bereits ihre liebe Not haben.)
- Die Bezeichnung **„leichte Kletterei"** umfaßt Schwierigkeiten, die bis zum I. Schwierigkeitsgrad (im Sommer!), ganz selten bis zum II. Schwierigkeitsgrad reichen können und in Kletterführern als „wenig schwierig" oder „leicht" bzw. als „mäßig schwierig" bezeichnet werden. Dabei darf nicht übersehen werden, daß die tatsächliche Schwierigkeit bei winterlichen Bedingungen stark von den augenblicklichen Verhältnissen (Schneelage, Vereisung) abhängt, die der Benützer selbst einschätzen muß.

Noch schwierigere Gipfelanstiege wurden nicht aufgenommen, weil solche Unternehmungen nur mehr mit Vorbehalt als „Skitouren" zu werten sind.

„Eistechnische Schwierigkeiten" hängen von der Steilheit der jeweiligen Flanken, Rinnen oder Grate ab – und natürlich von den Verhältnissen, ob „Butterfirn", Hartschnee oder gar Blankeis. Bei einer Frühjahrstour können bei steilen Anstiegen am frühen Morgen Harscheisen, ja sogar Steigeisen angenehm oder notwendig sein.

Eine verläßliche Aussage über die **Lawinengefahr** ist in einem Skiführer nicht möglich. Eine an sich lawinensichere Tour kann nach einem starken Schneefall mit Windverfrachtung gefährlich sein, eine lawinenbedrohte Steilrinne im späten Frühjahr und nach einer kalten Nacht völlig sicher. In diesem Sinne gibt es weder eine „lawinensichere" noch eine „lawinengefährdete" Tour. Die Angaben über die Lawinengefahr können sich nur auf die Wahrscheinlichkeit von Lawinenabgängen im Laufe eines Winters beziehen. In diesem Sinne bedeutet:

- **„kaum gefährdet"**, daß dieser Anstieg fast an jedem Tag des Tourenwinters begangen werden kann.
- **„mitunter gefährdet"**, daß für diesen Anstieg einigermaßen günstige Verhältnisse erforderlich sind, daß ich z.B. nach einer weiten Anreise nicht sicher sein kann, diese Tour tatsächlich unternehmen zu können.
- **„häufig gefährdet"**, daß der Anstieg nur bei besonders günstigen Bedingungen unternommen werden kann. Anstiege dieser Art müssen in Wintern mit schlechtem Schneedeckenaufbau unter Pulverschnee-Bedingungen gemieden werden und erfordern selbst im Frühjahr Vorsicht (kalte Nacht, rechtzeitige Abfahrt).

Auskünfte über die allgemeine **Lawinensituation** können unter verschiedenen Rufnummern eingeholt werden:
Lawinenwarndienst Tirol (Tonband): 05 12-15 88
Lawinenwarndienst Tirol (pers. Beratung): 05 12-58 18 39
Faxabruf: 05 12-58 18 39-81
Internet: http//www.lawine.at

Eine wichtige Nummer, die Sie hoffentlich nie brauchen: **Alpinnotruf** – 140.

Wetterdienste (mit höherem Tarif):
Wetter Tirol – 04 50-1 99-15 66-08
Alpinwetter – 04 50-1 99-15 66-12
Ostalpenwetter (ÖAV) – 04 50-1 99-0 00-0 18
Regional Alpinwetter (ÖAV) – 04 50-1 99-0 00-0 18

Wir bitten die Tourenfreunde: Scheuen Sie sich nicht, das Ziel abzuändern, wenn Sie nach der Ankunft am Ausgangspunkt erfahren, daß die Verhältnisse nicht so günstig sind, wie Sie es sich bei der Tourenplanung vorgestellt haben! Überlegen Sie schon am Schreibtisch zusätzlich eine „gemütlichere" Ersatztour, der Verzicht auf die geplante rasante Abfahrt fällt dann leichter!

Aus der **Hauptrichtung der Abfahrt** kann der erfahrene Tourengeher schließen, in welchem Monat, bei welchen Schnee- und Wetterverhältnissen gute Wahrscheinlichkeit für einen ungetrübten Abfahrtsgenuß besteht.

Als **„günstige Zeit"** betrachten wir die Monate, in denen ein bestimmter Gipfel im Normalfall bestiegen werden kann. Dabei handelt es sich natürlich nicht um verbindliche Richtlinien. In einem schneereichen Winter können manche Touren durchaus schon einen Monat früher unternommen werden. Andererseits ist es immer möglich, auch noch später zu einem Gipfel aufzusteigen. Das bringt bei steilen und schwierigen Touren größere Sicherheit, erfordert aber mitunter eine Anstiegsstunde (oder mehr) im aperen Gelände mit aufgeschnallten Ski.

ROUTENSKIZZEN UND LANDKARTEN

Die Routenführungen in den Skizzen wurden mit großer Genauigkeit und Sorgfalt erstellt. Der Leser darf sich nicht verunsichern lassen, wenn ein Gipfel auf seiner Karte etliche Meter höher oder niedriger ist als auf der Routenskizze – die Höhenangaben in den Karten sind nicht einheitlich.

Bei jedem Tourengebiet haben wir die genaueste Landkarte (Maßstab 1: 25 000) angegeben, die für diesen Bereich zur Verfügung steht. „Wanderkarten" im Maßstab 1: 50 000 werden gleichfalls angeführt. Sie sind übersichtlich und eignen sich für die Tourenplanung. Nützlich sind sie auch, weil sie (aufgrund der größeren Verbreitung) häufiger überarbeitet werden und insbesondere Aufstiegshilfen, Straßen und Forstwege auf den neuesten Stand gebracht wurden. Bei guter Sicht und/oder verläßlichen Spuren reichen sie oft auch für die Skitour aus.

Alpenvereinskarten („AV-Karten") gibt es für die Zillertaler Alpen (drei Blätter, eines davon mit Skirouten), nicht aber für die Tuxer Alpen.

Österreichische Karten („ÖK") liegen im Maßstab 1: 50 000 und im Maßstab 1: 25 000 („ÖK 25V") auf. Die ÖK 25V ist lediglich eine Vergrößerung der entsprechenden Karte 1:50 000. Freytag & Berndt **Wanderkarten** 1:50 000 decken unseren gesamten Tourenbereich ab. Sie eignen sich für die Planung einer Skitour, aber auch für die Durchführung, wenn es sich um orientierungsmäßig einfache Anstiege bei guter Sicht handelt. Dasselbe gilt für Kompass Wanderkarten 1:50 000, in die wichtige Skirouten eingezeichnet sind.

WALD UND WILD

Nach der Gesetzeslage in Österreich darf Wald auch außerhalb der Wege betreten werden. Verboten ist das Begehen und Befahren von Aufforstungen mit einer Wuchshöhe unter drei Metern. Zu beachten sind zusätzliche Beschränkungen. Sie können nicht vom Grundeigentümer oder Jagdberechtigten verfügt, sondern müssen von der zuständigen Behörde erlassen werden. Die Fachabteilung Raumplanung/Naturschutz des Österreichischen Alpenvereins erteilt Auskünfte über den jeweils neuesten Stand der sog. „Jagdlichen Sperrgebiete" (Tel. 05 12-5 95 47), die Skirouten in der Regel nicht sperren, sondern lediglich ihren Verlauf festlegen. Im Bereich der Zillertaler und der Tuxer Alpen gab es zum Zeitpunkt des Manuskriptabschlusses (März 1997) keine Sperrgebiete.
Die Bewegungsfreiheit des Tourengehers wird in Österreich im Bundesland Tirol wenig eingeschränkt. Wir bitten alle Tourengeher, sich dem Wald und dem Wild gegenüber rücksichtsvoll zu verhalten, um das im allgemeinen gute Einvernehmen mit anderen Naturnützern (Waldbesitzern und Jägern) nicht zu gefährden. Es sollte sich von selbst verstehen, daß Aufforstungen umfahren werden, um die jungen Bäumchen nicht mit den Stahlkanten zu gefährden; daß dichter Wald gemieden wird, der dem Wild Einstand bietet; daß in Zweifelsfällen eine Forststraße für Aufstieg und Abfahrt benützt wird.

Tourenbereich Gerlos – Gerlostal

Der Tourenbereich beginnt am Gerlospaß und erstreckt sich durch das gesamte Gerlostal bis Zell am Ziller. Gerlos (1245 m) erreicht man aus dem Inntal (Autobahn-Abfahrt Achensee-Zillertal) über Zell am Ziller (40 km, teilweise kurvenreiche, aber gut ausgebaute Bergstraße).

Die Anstiege dieses Tourenbereiches sind von unterschiedlicher Länge und Schwierigkeit. Aus dem Wildgerlostal wird die Wildkarspitze (3076 m) bestiegen, ein prachtvoller Skigipfel.

Durch das Wildgerlostal führt der Aufstieg zur Zittauer Hütte ÖAV (2329 m). Sie wird erst ab Mitte Juni bewirtschaftet (Winterraum, 10 Lager). Ihr Tourengebiet (Reichenspitze, Gabler, Mannlkarkopf, Roßkopf) wurde deshalb nicht berücksichtigt. Interessenten werden auf den AV-Skiführer verwiesen.

Unmittelbar von Gerlos aus geht es in das Schönachtal. Ein gemütlicher Skiberg mit eindrucksvoller Aussicht ist der Schönbichl (2050 m) am Eingang des Tales. Arbiskogel (2049 m) und Kirchspitze (2314 m), früher schöne und beliebte Skitourenziele, werden von Liftanlagen („Fürstalmbahnen") aus erreicht. Überlange, hier nicht beschriebene Anstiege führen aus dem Schönachtal auf Schönachschneid, Zillerkopf und Wildgerlosspitze.

Bei Gmünd zweigt das Wimmertal ab. Am Beginn des Tales sind Roller (1945 m) und Schafkogel (2096 m) rasch erreichbare Ziele, während die gegenüberliegende Talseite von den Fürstalmbahnen erschlossen wurde.

Das Gasthaus „Kühle Rast" (1191 m) ist ein bekannter und beliebter Ausgangspunkt für Skitouren. Erstiegen werden vor allem der Torhelm (2452 m) und die Brandberger Seespitze (2390 m). Diese beiden Gipfel und (in kürzerem Anstieg) der

Auf dem Anstieg zum Schönbichl (Nr. 2) im Schönachtal.

Geißkopf (2277 m) können auch von der Bergstation der Gerlosstein-Seilbahn aus bestiegen werden. Scheut man den langen Anstieg durch den Schwarzachgrund nicht, kann man von der Höhenbergnieder den Höhenbergkarkopf (2792 m) erreichen.

Karten Vom Gerlospaß bis Gmünd (Wimmertal) empfiehlt es sich, die AV-Karte 35/3 (Zillertaler Alpen, Östliches Blatt, mit Skirouten erhältlich) zu benützen. Anschließend steht als genaue Karte die ÖK 150 (Mayrhofen) zur Verfügung. Als Übersichtskarten dienen Freytag und Berndt WK 152 (Mayrhofen, Zillertaler Alpen, Gerlos, Krimml) oder Kompass Nr. 37 (Zillertaler Alpen, Tuxer Voralpen).

Auskünfte und Zimmernachweis Fremdenverkehrsverband A 6281 Gerlos, Tel. 0 52 84-52 44, Fax 44 24. Fremdenverkehrsverband A 6280 Zell am Ziller, Tel. 0 52 82-22 81, Fax 22 81 80.

Ausgangspunkt: Gasthaus „Finkau"

Von Gerlos in Richtung Gerlospaß. Kurz vor der Mautstelle (etwa nach 8 km) zweigt eine Straße zum Almdorf Königsleiten ab. Gleich nach der Abzweigung scharf nach links abbiegen und unter der Paßstraße durchfahren. Nach 1,3 km von der Abzweigung Fahrverbot (Befahren geduldet, 1986 m). Rund 4 km fahren wir den Stausee Durlaßboden entlang bis zum Gasthaus Finkau (1422 m). Der Gasthof ist nur im Sommer bewirtschaftet. Großer Parkplatz.

Wildkarspitze (3076 m)
Bei guten Verhältnissen ein Skigipfel der Spitzenklasse – für erfahrene Skibergsteiger

Touren-Steckbrief
Höhenunterschied: 1650 Hm
Zeit: 5 Std.
Schwierigkeit: Mittelschwere Skitour,
ab Skidepot Kletterei (I). Mitunter lawinengefährdet.
Abfahrt vorwiegend Nord, Nordwest.
Beste Jahreszeit: März – Mai.

Vom Gasthaus zur Drisselalm (1583 m). Über steile Hänge Richtung Nordost zur Wildkar Hochalm (1973 m). In einer Mulde Richtung Südost zu einem kleinen See (Wildkarsee), unmittelbar unterhalb der Seekarscharte (2519 m). Weiter ziemlich genau Richtung Süd bis zum Wildkarkees, das man in Richtung auf eine deutlich erkennbare Einsattelung (2907 m) im Nordwestgrat der Wildkarspitze überquert. Skidepot. Über den Grat, zuletzt etwas steil, aber ohne besondere Schwierigkeiten zum Gipfel.

Variante Weiterhin in Richtung Süd zum Nordostgrat und über diesen zum höchsten Punkt.
Weniger Höhenmeter, aber eine ungleich längere Wegstrecke hat man zu überwinden, wenn man statt vom Gasthof Finkau vom Hotel Gerlosplatte (1687 m) aufsteigt.

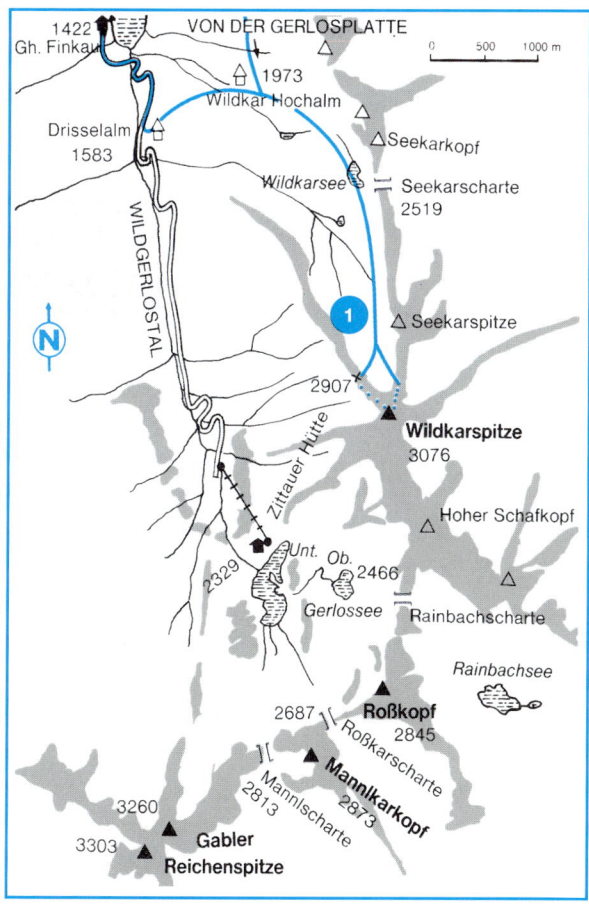

Ausgangspunkt: Gerlos (1245 m) – Schönachtal

Von der Ortsmitte über die Brücke ins Schönachtal. Bereits nach 500 m Fahrverbot (keine Schranke, Befahren zur Tourenzeit geduldet).

Schönbichl (2050 m)
Gemütliche Skitour, auch für Kinder geeignet

Touren-Steckbrief
Höhenunterschied: 700 Hm
Zeit: 2^1/$_2$ Std.
Schwierigkeit: Leichte Skitour, klettertechnisch unschwierig. Kaum lawinengefährdet. Abfahrt vorwiegend Nord, Südwest (Variante Süd, West).
Beste Jahreszeit: Dezember – April.

Ausgangspunkt zum Schönbichl ist bereits die Stinkmoosalm (1348 m) an der erwähnten Fahrstraße ins Schönachtal.
In einem weiten Rechtsbogen, der Markierung Nr. 5 folgend, über die Kreidlschlagalm, unter dem Filzegg (1734 m) links vorbei und in der Grundrichtung Süd auf den Gipfel.
Eine andere Anstiegsmöglichkeit beginnt 500 m weiter talein und führt über die Lahneralm (1390 m) zur Lahnerhöhe (1961 m) und über den Südrücken auf den Gipfel. Eindrucksvoll ist vor allem die Sicht auf den Kamm, der von der Kirchspitze bis zum Zillerkopf reicht.

Auf dem Anstieg zum Schönbichl (Nr. 2) im Schönachtal. Gegenüber Arbiskogel und Kirchspitze, durch die Fürstalmbahnen „entwertete" ehemalige Tourengipfel.

Ausgangspunkt: Gmünd – Wimmertal

In Gmünd (1210 m) zweigt das lange Wimmertal ab. Noch vor Gmünd (wenn man von Zell kommt), bei einer Brücke, verläßt man das Haupttal auf einer Fahrstraße (Wegtafel „Wimmertal", Schranken).

Roller (1945 m)
Kurze und leichte Skitour für Anfänger im Tourenskilauf

Touren-Steckbrief
Höhenunterschied: 750 Hm
Zeit: 2 Std.
Schwierigkeit: Leichte Skitour, klettertechnisch unschwierig. Kaum lawinengefährdet. Abfahrt vorwiegend Nord, Nordost.
Beste Jahreszeit: Dezember – März.

Von Gmünd auf dem Fahrweg ein kurzes Stück ins Wimmertal. In den Talboden, über den Bach, und über schönes Skigelände Richtung Südwest auf den Rücken, der bis zum Roller führt.

4 Schafkogel (2096 m)
Übergang vom Roller – Fortsetzung für fortgeschrittene Tourengeher

Touren-Steckbrief

Höhenunterschied: 1000 Hm
Zeit: 3 Std.
Schwierigkeit: Mittelschwere Skitour, klettertechnisch unschwierig. Mitunter lawinengefährdet. Abfahrt vorwiegend Nord, Nordost.
Beste Jahreszeit: Dezember – März.

Vom Roller kurz hinab in eine Einsattelung (1824 m) und über die schöne Nordflanke geradewegs auf den Gipfel. In einigem Auf und Ab kann man über den Kamm (teilweise verwächtet, verblasen) unschwierig zum etwas höheren Kehlkopf (2229 m) weitersteigen. Das ist aber skiläuferisch nicht lohnend.

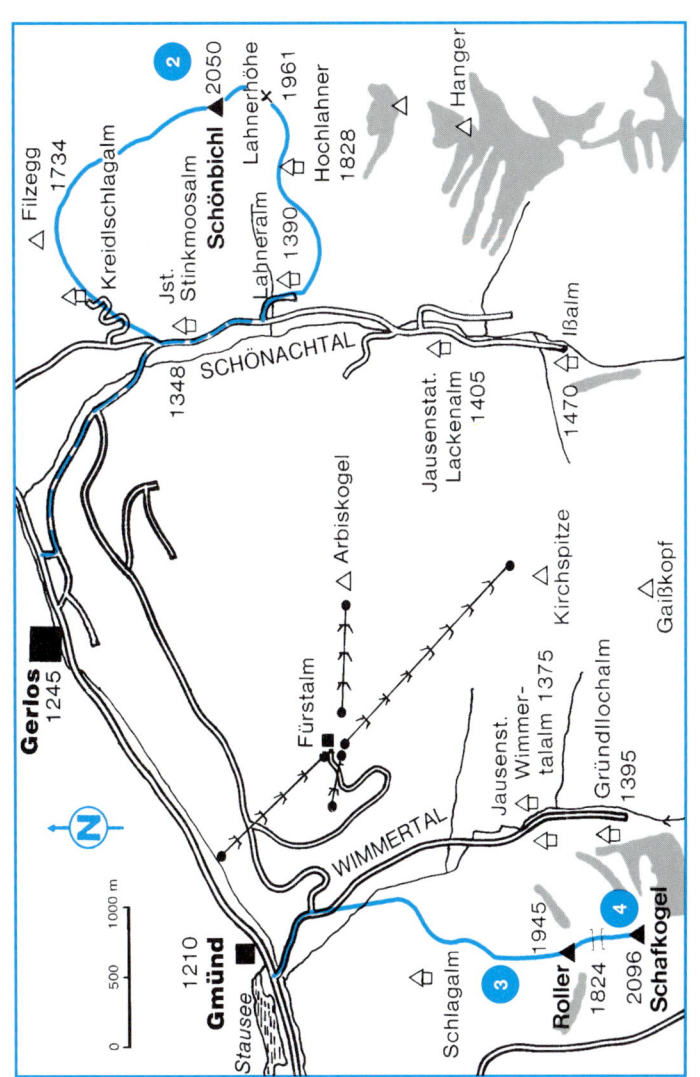

Ausgangspunkt: Gasthaus „Kühle Rast" (1191 m)

Die Straße in den Schwarzachgrund ist vom Gasthaus nur mehr etwa 300 m befahrbar, dann Fahrverbot, Schranken, Parkplatz (im Wald).

5 Höhenbergkarkopf (2792 m)

Anstrengende Skitour für konditionsstarke Skibergsteiger

> **Touren-Steckbrief**
> **Höhenunterschied:** 1300 Hm
> **Zeit:** 4^1/$_2$ Std.
> **Schwierigkeit:** Mittelschwere Skitour, klettertechnisch unschwierig. Mitunter lawinengefährdet. Abfahrt vorwiegend Nord.
> **Beste Jahreszeit:** Dezember – April.

Auf der Fahrstraße in den Schwarzachgrund und weiter ohne Orientierungsschwierigkeiten bis zur Höhenbergnieder (2474 m). Den Westgrat kann man auch etwas oberhalb erreichen. Über ihn zu Fuß auf den Gipfel.

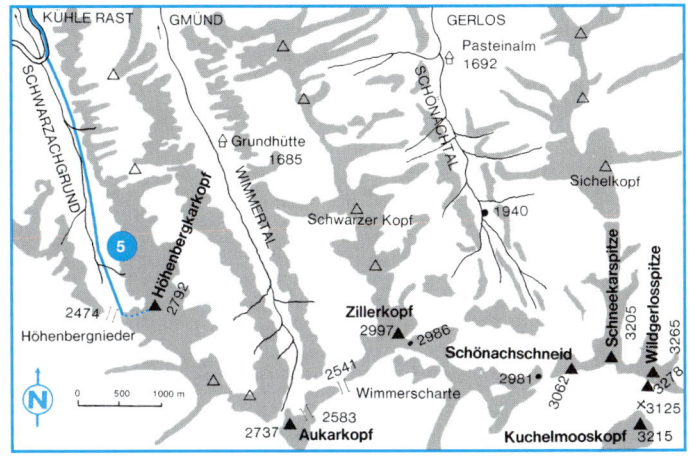

Torhelm (2452 m)
Mit Recht eine der beliebtesten Skitouren im Gerlostal

Touren-Steckbrief
Höhenunterschied: 1250 Hm
Zeit: 3$^{1}/_{2}$ Std.
Schwierigkeit: Mittelschwere Skitour, klettertechnisch unschwierig. Kaum lawinengefährdet (bei vernünftiger Spurwahl). Abfahrt Ost, Nord.
Beste Jahreszeit: Dezember – März.

Vom Gasthaus ein kurzes Stück auf einem Fahrweg, dann nach rechts über freie Wiesen Richtung Süd zur Weißbachalm. Nun folgt eine Querung (Weg) ins Weißbachtal, zum Weißbachalm-Mitterleger (1757 m). Auf der linken Seite der weiten Mulde weiter bis in eine Höhe von 1950 m. Hier verläßt man den Talboden und steigt nach rechts zu einem Rücken, den man, teilweise verblasen und schmal, nie aber schwierig, bis zum Gipfel verfolgt.

7 Brandberger Seespitze (2390 m)

Leichteres Gegenstück zum Torhelm, an Wochenenden fest in bayerischer Hand

Touren-Steckbrief
Höhenunterschied: 1200 Hm
Zeit: 3^1/$_2$ Std.
Schwierigkeit: Leichte Skitour, klettertechnisch unschwierig. Kaum lawinengefährdet (bei vernünftiger Spurwahl). Abfahrt vorwiegend Ost, Nord.
Beste Jahreszeit: Dezember – April.

Wie beim Anstieg zum Torhelm bis in eine Höhe von 1950 m. Hier zweigt man nicht nach rechts zu dem erwähnten Rücken ab, sondern bleibt im Talboden, bis man in einer Höhe von 2200 m über schönes Skigelände nach links zu einem Rücken aufsteigen kann, von dem man zuletzt etwas nach rechts zum höchsten Punkt quert. Der Gipfel ist unbedeutend, die Abfahrt jedoch schöner als die vom Torhelm.

Rückblick zur Brandberger Seespitze (Nr. 7, links von der Bildmitte).

Ausgangspunkt: Hainzenberg

Der Weiler Hainzenberg liegt oberhalb der ersten Steilstufe nach Zell am Ziller, die man mit dem PKW in sechs scharfen Kurven bewältigt. Hier befindet sich die Talstation der betagten Gerlosstein-Seilbahn, die uns mühelos auf 1620 m bringt.

Geißkopf (2277 m)
Empfehlenswert als Abwechslung während eines Liftaufenthaltes im Zillertal

Touren-Steckbrief
Höhenunterschied: 650 Hm
Zeit: 2 Std.
Schwierigkeit: Leichte Skitour, klettertechnisch unschwierig. Kaum lawinengefährdet. Abfahrt vorwiegend Nord, Nordost, dann Piste.
Beste Jahreszeit: Dezember – April.

Von der Bergstation Richtung Südost durch ein Tälchen zum Heimjoch (1980 m). Besonders Bequeme können sich den

Anstieg zum Joch weitgehend durch einen Schlepplift abnehmen lassen. Über dieses Joch in eine Mulde, aus der man jedoch bald nach links in eine weitere Mulde quert, in der man zum Geißkopf aufsteigt, den man zuletzt etwas von rechts her erreicht. Der Geißkopf ist eine unscheinbare Erhebung neben mehreren Kuppen ähnlicher Höhe. Hinweis: Es ist die zweite deutliche Erhebung nach dem Torhelm. Die Abfahrt erfolgt unmittelbar über einen schönen, nach Nord ziehenden Rücken.

Hochfeld (2350 m)
Halbtagsunternehmung, etwas schwieriger als der Geißkopf

Touren-Steckbrief
Höhenunterschied: 750 Hm
Zeit: 2^1/$_2$ Std.
Schwierigkeit: Mittelschwere Skitour, klettertechnisch unschwierig. Mitunter lawinengefährdet.
Abfahrt vorwiegend Nord, Nordwest.
Beste Jahreszeit: Dezember – April.

Wie beim Anstieg zum Geißkopf zum Heimjoch. Etwas unterhalb des Joches hält man sich jedoch rechts und steigt Richtung Süd in eine schöne Mulde auf, die zu einem Vorgipfel (kleines Holzkreuz) und über den Nordwestgrat auf das Hochfeld führt. Der Übergang ist heikel. Im Winter gibt man sich daher mit dem Vorgipfel zufrieden. Besser erreichbar ist der Hauptgipfel, wenn man zunächst noch Richtung Geißkopf aufsteigt, sich dann aber früher rechts hält. Durch eine Mulde entlang von Felsabbrüchen zu einem Kamm, dann ziemlich steil (meist zu Fuß) links vom Grat in der Südflanke auf den Gipfel.

Brandberger Seespitze (2390 m) – über das Heimjoch

Landschaftlich und skiläuferisch reizvolle Durchquerung mit einer nicht ungefährlichen „Schlüsselstelle"

Touren-Steckbrief

Höhenunterschied: 800 Hm
Zeit: 3 Std.
Schwierigkeit: Leichte Skitour, klettertechnisch unschwierig. Mitunter lawinengefährdet.
Abfahrt vorwiegend (zur Kühlen Rast) Ost, Nord.
Beste Jahreszeit: Januar – April.

Geißkopf (Nr. 8) und Hochfeld (Nr. 9), leichte Skigipfel im Bereich von Hainzenberg.

Über das Heimjoch lassen sich auch Torhelm und Brandberger Seespitze erreichen. Die Abfahrt auf dem Anstiegsweg ist jedoch skiläuferisch weit weniger lohnend als die zum Gasthof Kühle Rast. Schön ist dagegen eine Überschreitung, wobei man von der Kühlen Rast sowohl mit einem bereitgestellten PKW als auch mit dem Bus zum Ausgangspunkt zurückkehren kann.

Vom Heimjoch quert man bis zu einem breiten Sattel am Ansatz des Torhelm-Westgrates. Vorsicht: Kurze Steilflanken nicht anschneiden, sondern Gelände ausnützen und umgehen (schweres Lawinenunglück vor einigen Jahren unterhalb der Lixlkarschneide). Nun die Lixlkarschneide entlang. Bevor sich der Grat aufsteilt, nach rechts etwa 15 Höhenmeter hinunter und in der steilen Südmulde zwischen Torhelm und Brandberger Kolm erst querend, dann ansteigend, in die Einsattelung links von der Brandberger Seespitze. Bei günstigen Verhältnissen in wenigen Minuten auf den Gipfel. Sonst etwa 150 Höhenmeter durch eine schöne Mulde abfahren und wie beim Anstieg von der Kühlen Rast (siehe Tour 7) auf den Gipfel.

Torhelm (2452 m) – über das Heimjoch

Im unmittelbaren Anstieg etwas Kletterfertigkeit erforderlich

Touren-Steckbrief

Höhenunterschied: 900 Hm
Zeit: $3^1/_2$ Std.
Schwierigkeit: Leichte Skitour, ab Skidepot Kletterei (I) oder auf Umweg mit Ski zum Gipfel. Mitunter lawinengefährdet. Abfahrt zur Kühlen Rast vorwiegend Ost, Nord.
Beste Jahreszeit: März – April.

Wie beim Anstieg zur Seespitze über das Heimjoch und zur Lixlkarschneide bzw. dem Ansatz des Westgrates. Bei günstigen Bedingungen können gute Skibergsteiger mit aufgeschnallten Ski den Gipfel über den Grat erreichen. Leichter ist es, wie bei Tour 10 zu der Einsattelung links von der Brandberger Seespitze zu queren bzw. aufzusteigen und den Torhelm von Süden über einen kleinen Vorgipfel zu erreichen. Erscheinen beide Möglichkeiten nicht ratsam (z.B. bei Neuschnee), muß man von der Einsattelung durch eine schöne Mulde bis in eine Höhe von 1950 m abfahren und hat dann noch $1^1/_2$ Stunden Aufstieg (wie von der Kühlen Rast, Tour 6) vor sich.

Die Querung nach der Lixlkarschneide ist die „Schlüsselstelle" für den Anstieg zur Brandberger Seespitze (Nr. 10) oder zum Torhelm (Nr. 11) vom Gerlosstein. Die Aufstiege von der Kühlen Rast (Nr. 6 und 7) sind leichter und ungefährlicher.

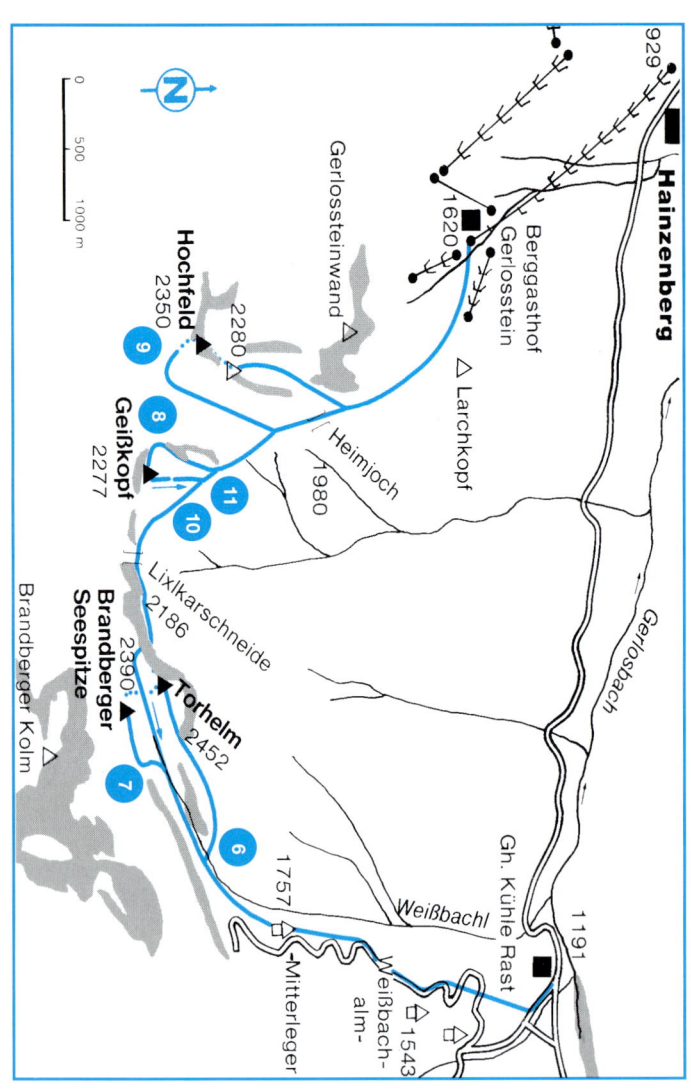

Tourenbereich Mayrhofen – Zemmgrund und Zamser Grund

Mayrhofen (630 m) erreicht man von der Autobahnabfahrt Zillertal nach 31 km Fahrt auf der inzwischen sehr gut ausgebauten Straße über Fügen und Zell am Ziller. Mayrhofen ist sowohl im Sommer als auch im Winter einer der bedeutendsten Fremdenverkehrsorte Österreichs. Auch für Tourengeher hat Mayrhofen viel zu bieten, zumal für jene, die ihre Ski nicht am Ostermontag einsommern. Sternförmig ziehen die Täler vom Zentrum Mayrhofen in verschiedene Richtungen: der Zillergrund, der Stillupgrund und der Floitengrund nach Osten bzw. Südosten, der Zemmgrund, der Schlegeisgrund nach Süden, das Tuxer Tal nach Westen bzw. Südwesten. Die Skitouren in diesem zentralen Gebiet der Zillertaler Alpen wären umfassend und großartig. Leider ist keine der zahlreichen Schutzhütten in der Tourensaison bewirtschaftet. Die Hütten öffnen frühestens Mitte Juni, häufig jedoch erst Anfang Juli. Mitunter sind die Zugänge sehr lawinengefährdet, vielfach wäre jedoch zu Pfingsten eine Öffnung möglich und sinnvoll (z.B. Berliner Hütte, Kasseler Hütte, Plauener Hütte), doch dürfte sich die Öffnung für den Pächter nicht lohnen. Auf die Aufnahme dieser Gletschertouren wurde daher verzichtet. Im einzelnen handelt es sich um die

- Plauener Hütte DAV im Zillergrund (2363 m, Winterraum, 10 Lager; Skitouren: Reichenspitze, Kuchelmooskopf, Wildgerlosspitze u.a.)
- Kasseler Hütte DAV im Stillupgrund (2718 m, Winterraum, 6 Lager; Skitouren: Vordere Stangenspitze, Wollbachspitze, Grüne Wand, Keilbachspitze)
- Greizer Hütte DAV im Floitengrund (2227 m, Winterraum, 14 Lager; Skitouren: Lapenspitze, Großer Löffler, Westl. Floitenspitze, Schwarzenstein, Großer Mörchner)

Interessenten werden auf den AV-Skiführer verwiesen, in dem auch diese Anstiege beschrieben werden.

In unseren Auswahlführer aufgenommen haben wir die Berliner Hütte im Zemmgrund, die besonders genußvolle Touren bietet (und vor Jahren wenigstens um Pfingsten geöffnet war). Von hier aus können prachtvolle Gipfel erstiegen werden, z.B. das Schönbichler Horn (3133 m), der Große Möseler (3478 m), die Berliner Spitze (3253 m) und der Schwarzenstein (3368 m). Aufgenommen wurde auch der Zamser Grund mit der (privaten) Dominikushütte, weil sie in der Regel ab Mitte Mai bewirtschaftet wird. Ausgangspunkt für Olperer (3476 m), Schrammacher (3411 m), Hohe Wand (3286 m), Rotbachlspitze (2895 m) und Hochsteller (3097 m).

Karten AV-Karte 35/3 (Zillertaler Alpen, Östliches Blatt, mit Skirouten) und 35/2 (Zillertaler Alpen, Mittleres Blatt). Als Übersichtskarten Freytag und Berndt WK 152 (Mayrhofen, Zillertaler Alpen, Gerlos, Krimml) oder Kompass Nr. 37 (Zillertaler Alpen, Tuxer Voralpen, mit alpinen Skirouten).

Auskünfte und Zimmernachweis Fremdenverkehrsverband A 6290 Mayrhofen, Tel. 0 52 85-23 05, Fax 41 16 33.

Torhelm (Nr. 11) und Brandberger Kolm vom Anstieg zur Lixlkarschneide.

**Ausgangspunkt: Zemmgrund –
Berliner Hütte DAV (2040 m)**

Größte und bekannteste Hütte in den Zillertaler Alpen. Sommerbewirtschaftung. Winterraum (16 Lager).
Von Mayrhofen nach Ginzling (10 km) und 7 km weiter zum Gasthof Breitlahner (1257 m). Parkplatz.
Fahrweg zur Grawandhütte (1640 m, Sommerbewirtschaftung). Weiter zur Alpenrosehütte (1875 m, Sommerbewirtschaftung, öffnet meist etwas früher als die Berliner Hütte, günstig für Anstieg zum Großen Möseler und zum Schönbichler Horn). Eindrucksvolle Tiefblicke in die Schlucht des Zemmbaches. Von der Alpenrose $1/2$ Std. zur Berliner Hütte (2040 m) weiter. 3 Std., Anstieg häufig lawinengefährdet.

Schönbichler Horn 12
(3133 m)
Aussichtsreicher Dreitausender mit herrlicher Abfahrt

Touren-Steckbrief
Höhenunterschied: 1300 Hm
Zeit: $3^1/_2$ Std.
Schwierigkeit: Mittelschwere Skitour, klettertechnisch unschwierig. Mitunter lawinengefährdet. Abfahrt vorwiegend Ost, Nordost.
Beste Jahreszeit: März – Mai.

Vom Gasthof Alpenrose (evtl. hierher Abfahrt von der Berliner Hütte) Richtung Südost durch den ebenen Talboden, dann nach links schwenken ins Garberkar. Nach diesem Steilstück in herrlichstem Skigelände zur etwas südlich des Gipfels gelegenen Schönbichler Scharte (3081 m). Skidepot. Über unschwierige

Blöcke auf den Gipfel. Wenn man bei der Abfahrt innerhalb des Moränenrückens bleibt, findet man meist noch spät im Jahr Schnee bis in den Talboden.

13 Großer Möseler
(3478 m)

Gewaltiger Anstieg, der westalpinen Unternehmungen kaum nachsteht. Gletscherausrüstung erforderlich

Touren-Steckbrief

Höhenunterschied: 1650 Hm
Zeit: 5 Std.
Schwierigkeit: Schwierige Skitour (steiler Gipfelhang). Klettertechnisch unschwierig. Mitunter lawinengefährdet. Spaltengefahr. Abfahrt vorwiegend Südost – Nordost.
Beste Jahreszeit: April – Juni.

Auch für diesen Anstieg ist das Gasthaus Alpenrose der geeignetere Ausgangspunkt. Von der Berliner Hütte kurze Abfahrt in den Talboden und wie beim Anstieg zum Schönbichler Horn bis in eine Höhe von etwa 2600 m. Hier hält man sich links (Richtung Südost) und erreicht das spaltenreiche Waxeckkees bereits oberhalb der wildesten Brüche. Den Gletscher quert man Richtung Süd bis nahe zum Gipfelaufbau des Möseler. Zwei Firnmulden geht man aus und erreicht die Östliche Möselscharte (3240 m).

Kurzer Abstieg auf den Östlichen Nevesferner, also nach Südtirol. In der Südost-Flanke unseres Gipfels möglichst hoch hinauf, auf die Einsattelung zwischen Großem und Kleinem Möseler zum Skidepot. Über den Grat unschwierig zum Gipfel.

Berliner Spitze
(3253 m)

Voraussetzung: Gletscherausrüstung und alpine Erfahrung!

Touren-Steckbrief

Höhenunterschied: 1250 Hm
Zeit: 3¹/₂ Std.
Schwierigkeit: Mittelschwere Skitour. Mitunter lawinengefährdet. Abfahrt vorwiegend Nordwest, Nord.
Beste Jahreszeit: März – Juni.

Ursprüngliche Bezeichnung: „Dritte Hornspitze".
Von der Hütte sanft durch den Talboden auf die Zunge des spaltenreichen Hornkeeses zu. Steil zum Gletscher, an seiner linken (östlichen) Seite aufsteigen, vorbei an eindrucksvollen Eisbrüchen, in eine weite Mulde. An ihrem Ende hält man sich links und steigt zum östlichen Lappen des Hornkeeses auf – durchwegs für einen Gletscheranstieg ziemlich steil. Unterhalb des Mitterbachjoches (3130 m) in der Gipfelflanke möglichst hoch hinauf. Skidepot. Steil, aber unschwierig zum Gipfel.

15 Schwarzenstein
(3368 m)

Leichtester der „großen Drei", dennoch Gletscherausrüstung und alpine Erfahrung erforderlich

Touren-Steckbrief
Höhenunterschied: 1350 Hm
Zeit: 4 Std.
Schwierigkeit: Skitechnisch mittelschwer, klettertechnisch unschwierig. Mitunter lawinengefährdet. Abfahrt vorwiegend Nordwest.
Beste Jahreszeit: März – Juni.

Von der Hütte Richtung Nordost in den flachen Talboden und Richtung Südost zum Talschluß. Nun nach links etwas weniger steil zum Schwarzensteinkees hinauf. Unterhalb eines Gletscherbruches (etwa 2650 m) hält man sich links und quert den mittelsteilen Gletscherhang ansteigend in Richtung Schwarzensteinsattel (3155 m). Hier oder auch schon etwas früher biegt man wieder nach rechts ein und erreicht ziemlich genau Richtung Süd ansteigend den flachen Gipfelaufbau und den höchsten Punkt.

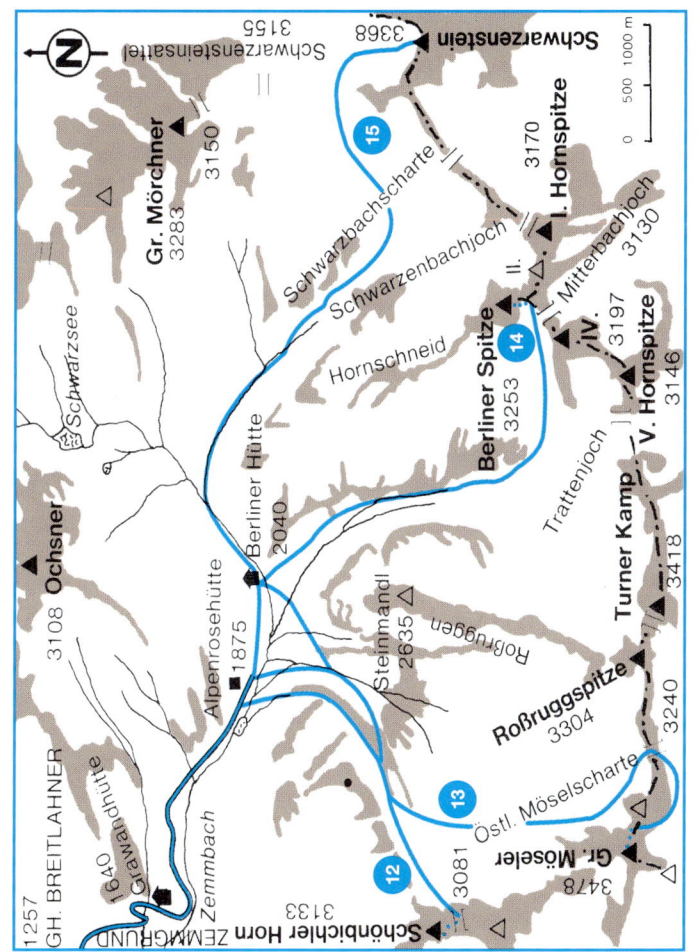

Ausgangspunkt: Zamser Grund – Domenikushütte (1805 m)

Die private Dominikushütte, eher ein gepflegter Berggasthof als eine „Hütte", steht oberhalb der Staumauer am Nordende des Schlegeisspeichers. Sie ist über eine Mautstraße der Tauernkraftwerke AG ab Mitte Mai (ab 1. Juni Postbus von Mayrhofen) erreichbar. Die meisten Anstiege sind auch im Juni noch möglich, doch müssen die Ski dann bis zum Schnee getragen werden.

16 Olperer (3476 m)

Einer der formschönsten Gipfel der Zillertaler Alpen. Schwieriger Gipfelanstieg, doch sollte auch der an sich harmlose Gletscher nicht unterschätzt werden

Touren-Steckbrief (Karte S. 51)
Höhenunterschied: 1700 Hm
Zeit: 5 Std. (von der Olpererhütte $3^{1}/_{2}$ Std.)
Schwierigkeit: Schwierige Skitour,
ab Skidepot Kletterei (II). Häufig lawinengefährdet
(wegen der Ost-Lage frühe Abfahrt ratsam).
Beste Jahreszeit: Mai und Juni.

Vom Parkplatz den Stausee entlang bis zur Wegtafel „Olpererhütte". Durch lichten Wald ziemlich steil in freies Gelände und weiterhin steil bis in eine Höhe von 2250 m. Hier beginnt man, das Riepenkar zu queren und zur Olpererhütte (2389 m) DAV aufzusteigen (ab Anfang Juni bewirtschaftet, Winterraum stets offen).

Von der Hütte Richtung Nordost zum Großen Riepenkees und zum Riepensattel (etwa 3050 m) im Gletscherskigebiet Hintertux. Man berührt die Pisten nicht, sondern zweigt bereits in 2900 m nach links ab und steigt ziemlich steil auf. Eine kurze felsige Einlage überwindet man mit aufgeschnallten Ski, denn der anschließende „Schneegupf" ist für sichere Skiläufer durchaus befahrbar. Skidepot in etwa 3360 m, am Beginn der „Schlüsselstelle" (Metallbügel). Eine zweite Kletterstelle (Aufschwung kurz vor dem Gipfel) kann meist rechts umgangen werden.

Einsam unterwegs beim Aufstieg vom Schlegeisspeicher zum Olperer (Nr. 16).

17 Schrammacher
(3411 m)

Einsamer Dreitausender mit prachtvollem Blick auf Hochfeiler und Hochferner

Touren-Steckbrief

Höhenunterschied: 1650 Hm
Zeit: 5^1/$_2$ Std.
Schwierigkeit: Mittelschwere Skitour, ab Skidepot Kletterei (I). Häufig lawinengefährdet. Abfahrt vorwiegend Südost.
Beste Jahreszeit: April – Juni.

Vom Parkplatz bei der Dominikushütte zuerst den Schlegeisspeicher, dann den Zamser Bach entlang zum Talschluß unterhalb des Pfitscher Jochs. In einer Höhe von 2100 m biegt man nach rechts ab und erreicht, nun in ansehnlicher Steilheit, das Stampflkees. Am östlichen Rand des Gletschers über eine Steilstufe, dann sanft zur Oberschrammachscharte (3105 m). Skidepot. Über den Südgrat in leichter Kletterei auf den Gipfel.
Über die Südflanke kann man etwas höher mit Ski aufsteigen (etwa bis 3200 m) und erreicht den Gipfel über Blockwerk gleichfalls ohne besondere Schwierigkeiten.

Hohe Wand (3286 m) — 18

Im Vergleich zum Schrammacher weniger bedeutender Gipfel, aber schönere Abfahrt. Wie beim Anstieg zum Schrammacher zum Stampflkees. Nach dem ersten Steilstück auf dem Gletscher zum obersten Firnbecken unterhalb der Sagwandspitze. Scharf nach links abbiegen und über einen sehr steilen Hang zum Kamm, der von der Sagwandspitze nach Süd zieht. Über diesen Kamm zum höchsten Punkt der vielgipfeligen Hohen Wand.
Ausgezeichnete Skiläufer können unmittelbar über die steile Ostflanke abfahren, die an den steilsten Stellen etwas über 40 Grad aufweist.

Rotbachlspitze (2895 m) — 19

Wie beim Anstieg zum Schrammacher bis zum Talschluß. Nun aber auf der gegenüberliegenden Talseite Richtung Süd, etwa ab 2300 m Richtung Ost durch die steile Westflanke zum Gipfel, den man etwas von links her erreicht.

Beim Anstieg zum Schrammacher (Nr. 17): Blick auf Hochfeiler und Hochferner.

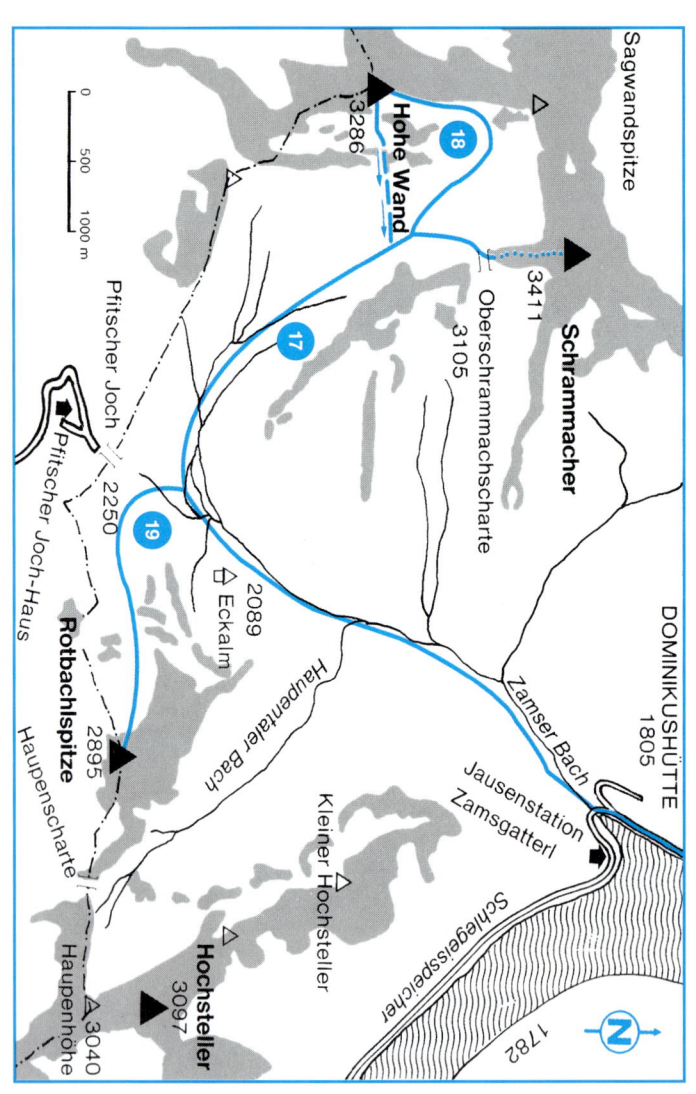

Tourenbereich Tuxer Tal – Finkenberg, Lanersbach, Tux

Kurz nach Mayrhofen zweigt nach rechts die Straße ins Tuxer Tal ab. Über Finkenberg und Lanersbach nach Hintertux (19 km von Mayrhofen) und zur Talstation der Gletscherbahn (1 km weiter). Großer Parkplatz. Die Straße ist gut ausgebaut und wird im Winter sorgfältig geräumt, so daß nur selten Schneeketten erforderlich sind.

Großartig ist der Talschluß, der vom Olperer (3476 m) beherrscht wird. Der Olperer und die Gipfel rundum können aber kaum mehr als „Skitouren" angesprochen werden, wenn man auf dem Anstiegsweg abfährt. Lediglich der Hohe Riffler (3238 m) kann noch als Skitour betrachtet werden. Wer jedoch Aufstiegshilfen nicht grundsätzlich ablehnt, sondern in seine Pläne einbaut, der ist im Bereich der Hintertuxer Gletscherbahn recht gut bedient. Vom Riffler gibt es eine großartige Abfahrt unmittelbar nach Hintertux. Noch empfehlenswerter: Abfahrt über das Federbettkees und Aufstieg zur Realspitze (3038 m) mit Abfahrt durch das Griererkar. Natürlich ist es auch möglich, tourenmäßig in andere Täler abzufahren, z.B. in das Schmirntal mit Rückkehr über das Tuxer Jochhaus und neuerlicher Abfahrt durch die „Schwarze Pfanne" nach Hintertux.

Lanersbach (1281 m) bzw. Vorderlanersbach (1257 m) bieten beides: kurze Anstiege nach der Benützung von Aufstiegshilfen wie Grübelspitze (2394 m), Rastkogel (2761 m) oder Halslspitze (2764 m), aber auch „echte" Skitouren wie den Geier (2857 m) über das Junsjoch, die Torwand (2755 m) über das Torjoch usw. Finkenberg ist mit Mayrhofen durch einen Skizirkus verbunden. Auf der gegenüberliegenden Talseite gibt es jedoch einen schönen Anstieg auf die Mittlere Grinbergspitze (2861 m).

Karten   Rund um das Gletscherskigebiet Hintertux AV-Karte 35/1 (Zillertaler Alpen, Westliches Blatt). Anstiege von Lanersbach und Finkenberg: ÖK 149 (Lanersbach). Übersichtskarten Freytag und Berndt WK 152 (Mayrhofen, Zillertaler Alpen,

Gerlos, Krimml) oder Kompass Nr. 37 (Zillertaler Alpen, Tuxer Voralpen).

Auskünfte und Zimmernachweis Fremdenverkehrsverband A 6292 Finkenberg, Tel. 0 52 85-26 73, Fax 29 62.
Fremdenverkehrsverband A 6293 Tux – Lanersbach – Hintertux, Tel. 0 52 87-85 06, Fax 85 08.

Ausgangspunkt: Hintertuxer Gletscherbahn

Die Gondelbahn führt in zwei Teilstrecken über Sommerbergalm (1986 m) zum Tuxer Ferner Haus (2660 m). Etwas darunter Spannagelhaus (2528 m) ÖTK. Mit einem Sessellift zum Tuxer Joch Haus (2313 m) ÖTK. Sessellifte transportieren nahezu auf den Gipfel der Gefrorenen Wandspitze, Schlepplifte nahezu auf den Gipfel des Großen Kaserers und in die Wildlahner Scharte. Für Gondelbahn und Sessellifte gibt es eine „Tourenkarte". Wer auch Schlepplifte benützen will, muß sich eine Tageskarte lösen.

Ein Mini-Anstieg mit großartigem Abschluß: Aus dem Gletscherskigebiet auf den Olperer (Nr. 20). In der Bildmitte die Gefrorene Wand.

Olperer (3476 m)

20

Mini-Anstieg auf einen der höchsten Gipfel der Zillertaler Alpen, nur bei günstigen Verhältnissen empfehlenswert

Touren-Steckbrief

Höhenunterschied: Über den Südostgrat 450 Hm
Zeit: 2 Std.
Schwierigkeit: Schwierige Skitour, wenn die Ski über den „Schneegupf" mitgenommen werden.
Ab Skidepot Kletterei (II). Mitunter lawinengefährdet.
Abfahrt vorwiegend Südost, Nordost, Piste.
Beste Jahreszeit: April – Juni.

Den bequemsten Ausgangspunkt erreicht man, wenn man zwei Teilstrecken der Gondelbahn und zwei Teilstrecken des Doppelsessellifts zur Gefrorenen Wand benützt. Von der Bergstation (3250 m) fährt man Richtung Riepensattel (3058 m) ab. Man hält sich dabei etwas rechts von der Gletscherhütte. Nun steigt man Richtung Südwest zu den Felsen auf (spät im Jahr Spalten, Bergschrund möglich). Hier hat man die kürzeste felsige Einlage zum „Schneegupf", in dessen Firn man bis zum Einstieg des Südostgrates aufsteigt. Guten Skiläufern ist zu empfehlen, die Ski mitzunehmen, da der „Schneegupf" gut befahrbar ist. Über eine Steilstufe (schwierigste Stelle) auf den Grat und in anregender Blockkletterei zum Gipfel. Kurz vor dem Kreuz ein kurzer Aufschwung, der aber meist rechts umgangen werden kann. Einige einzementierte Griffe.

Will man über den Nordgrat aufsteigen, benützt man ebenfalls Gondelbahn und Sessellifte, fährt dann aber zu einem Schlepplift ab, der uns fast in die Wildlahner Scharte (3220 m, Bergstation des Lifts 3200 m) bringt. Rechts vom Grat kann man noch kurz mit Ski ansteigen, dann Kletterei (II). Wer der klettertechnischen Schwierigkeit auch mit aufgeschnallten Ski gewachsen ist, kann den Olperer überschreiten, am besten Aufstieg über den Nordgrat, Abstieg über den Südostgrat. Abfahrten sind auch zum Schlegeisspeicher oder zur Geraer Hütte möglich.

21 Kleiner Kaserer (3093 m)

Aus der Höllscharte über den Südgrat (I). Für ausgezeichnete Skibergsteiger ergeben sich trotz des Wegfalls der früher üblichen Abfahrt östlich vom Kaserergrat und an der Lärmstange vorbei in den Talboden interessante Möglichkeiten (vgl. Tourenbereich St. Jodok). Rückkehr mit öffentlichen Verkehrsmitteln fast unmöglich. Doch: Aus dem Kasererwinkel steil durch die Tettensgrube zum Tuxer Joch (2337 m), dann entweder auf der Piste oder tourenähnlicher über das Tuxer Joch Haus (2313 m) und durch die „Pfanne" zum Parkplatz zurück.

22 Hoher Riffler (3228 m)
Nur lohnend, wenn nicht auf dem Anstiegswege abgefahren wird

Touren-Steckbrief
Höhenunterschied: 600 Hm
Zeit: 2 Std.
Schwierigkeit: Mittelschwere Skitour, klettertechnisch unschwierig. Mitunter lawinengefährdet. Abfahrt vorwiegend Nordwest, Nord.
Beste Jahreszeit: März – Juni.

Mit der Gondelbahn zum Tuxer Ferner Haus (2660 m). Ohne Höhengewinn Richtung Südost in eine weite Mulde, die man ausgeht und zum Schwarzbrunnerkees aufsteigt. Unterhalb des felsigen Gipfelaufbaus ziemlich steil zu dem Rücken, über den

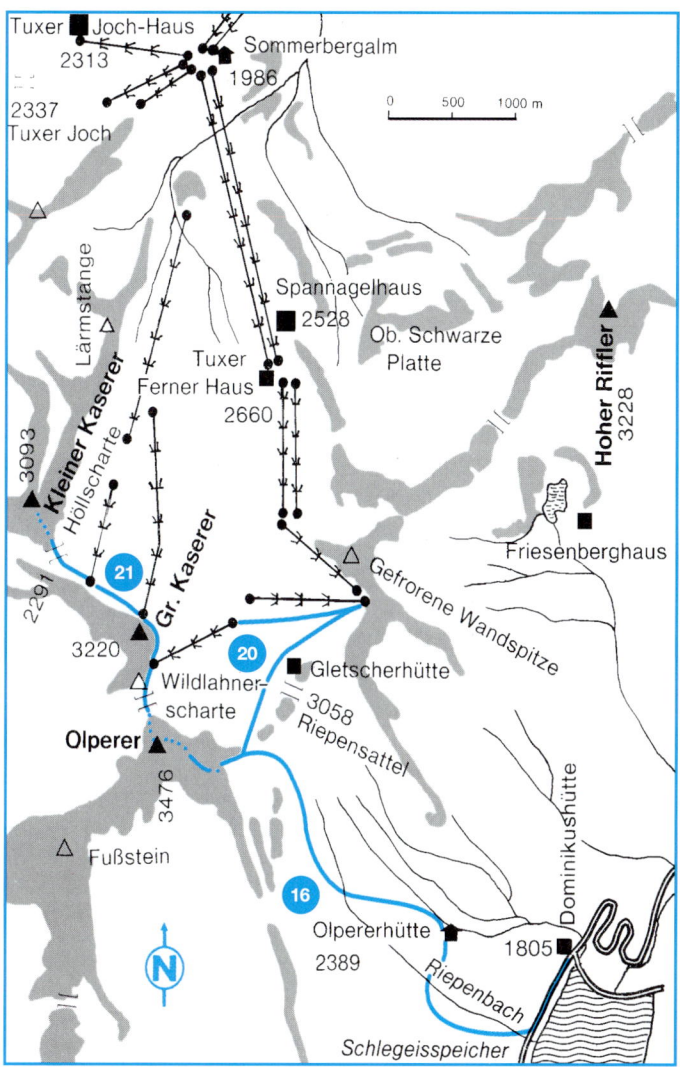

man das Federbettkees auf der Nordseite des Rifflers erreicht. In einem Rechtsbogen über den sanft geneigten Gletscher mit Ski bis zum höchsten Punkt.

Die Abfahrt auf dem Anstiegswege ist wegen der langen Querung nicht lohnend. Günstiger: Vom Schwarzbrunnerkees Richtung Nordwest unmittelbar in die Kleegrube (schwierig) oder (leichter) zuerst Richtung West queren und westlich von der Oberen Schwarzen Platte nach Nord abbiegen (mittelschwer). In beiden Fällen überquert man den Kunerbach und kommt in den Boden, von dem aus man mit dem Sessellift oder zu Fuß zur Mittelstation der Gondelbahn zurückkehrt. Bei günstigen Verhältnissen kann man von der Kleegrube unmittelbar in den Talboden abfahren. Ausgezeichnete Skiläufer können auch folgende Variante wählen (schwierig): Vom Riffler Richtung Nordost über das Federbettkees, in einer Höhe von 2900 m nach links einbiegen zur Oberen Riffler Scharte (2868 m). Sehr steil in das Bodenkar und weiter in den Talboden.

23 Realspitze (3038 m)
Skiläuferisch eine der schönsten Unternehmungen in den Zillertaler Alpen!

Touren-Steckbrief
Höhenunterschied: 950 Hm
Zeit: 3 Std. (reine Anstiegszeiten)
Schwierigkeit: Schwierige Skitour, klettertechnisch unschwierig. Häufig lawinengefährdet. Abfahrt vorwiegend Nordost – Nordwest.
Beste Jahreszeit: April – Juni.

Nach einer steilen Querung erreicht man ein sanftes Becken, aus dem man nach rechts zum Grat und weiter zur Realspitze (Nr. 23) aufsteigt.

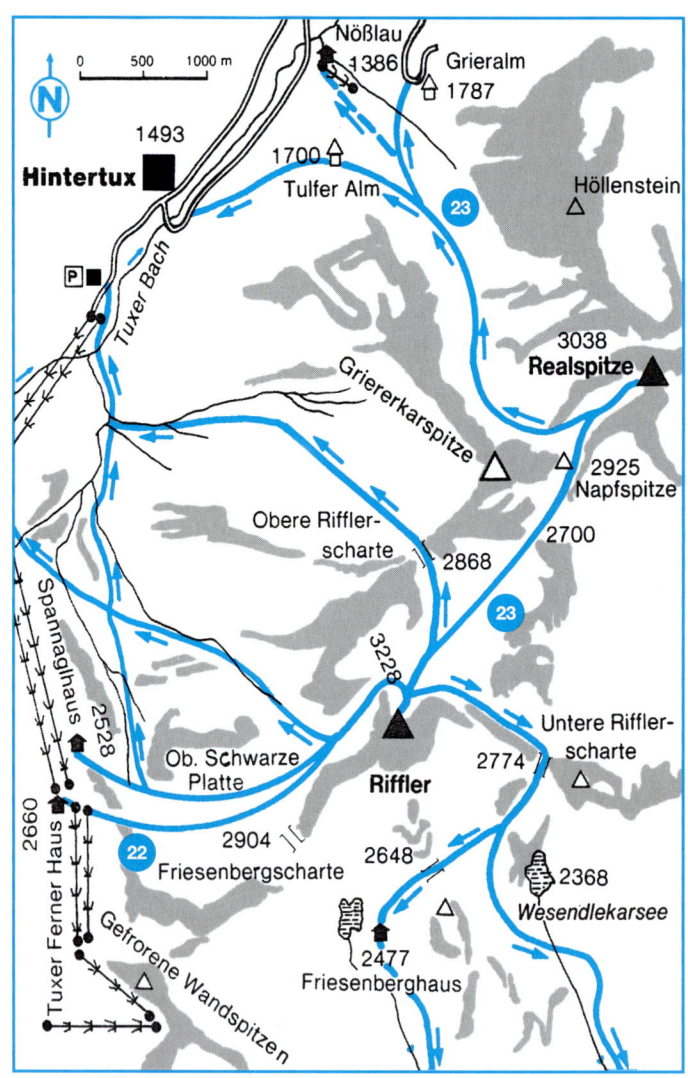

Vom Tuxer Ferner Haus (2660 m) zur Einsattelung nordwestlich des Hohen Rifflers. Von hier fährt man über das spaltenlose Federbettkees Richtung Nordost bis in eine Höhe von 2700 m ab. Anfellen und zum Verbindungskamm zwischen Napfspitze und Realspitze aufsteigen. Bei günstigen Schneeverhältnissen erreicht man den Gipfel über den Südwestgrat mit Ski.

Die Abfahrt erfolgt nicht auf dem Anstiegsweg, sondern über die Westflanke (Vorsicht bei schlechter Sicht: Man fährt auf einer Art Terrasse, rechts Felsen!) in das Rötschneid Kar – teilweise sehr steil. Weiter dann im Grierer Kar bis in eine Höhe von 1900 m. Hier muß man sich entscheiden: entweder man hält sich etwas links zur Tulfer Alm und quert dann Richtung Westsüdwest nach Hintertux; oder (skiläuferisch schöner) man fährt steile Waldschneisen weiter hinab bis zum Weiler Nößlau (1386 m), wandert nach Madseit (1404 m) hinaus (etwa eine Viertelstunde) und kehrt mit dem Bus zum Parkplatz zurück.

Variante Man überquert den Grierer Bach und fährt zur Grieralm (1787 m) und ins Tal (Rodelbahn). Verächter von Aufstiegshilfen können selbstverständlich die Realspitze auf den beschriebenen Abfahrtsrouten auch im Anstieg erreichen, am besten über die Grieralm.

Ausgangspunkt: Finkenberg (839 m)

4 km von Mayrhofen. Gegenüber dem Liftgebiet Paradetour für hervorragende Skibergsteiger: Mittlere Grinbergspitze (2867 m).

24 Mittlere Grinbergspitze (2867 m)
Großartiger Gipfel für hervorragende Skibergsteiger

Touren-Steckbrief
Höhenunterschied: 1850 Hm
Zeit: 5$^1/_2$ Std.
Schwierigkeit: Schwierige Skitour,
ab Skidepot Kletterei (I). Häufig lawinengefährdet.
Abfahrt vorwiegend Nord, Nordost.
Beste Jahreszeit: April – Mai.

Von Finkenberg rund 3 km Richtung Lanersbach zum Ortsteil Innerberg. Unmittelbar nach der Rosengartenbrücke (1054 m) über den Tuxbach zweigt nach links ein Fußweg ab, über den man den Talboden des Grinbergbaches erreicht. Bei der Brücke wenig Parkraum, doch genügend „Parknischen" an der Straße. In der Bachmulde zur Grinbergalm (1380 m). Hierher auch auf einer Straße vom Ortsteil Brunnhaus. Eine Viertelstunde später verläßt man den Talboden und steigt Richtung Südwest sehr steil ins Grinbergkar auf, dem man in einer leichten Drehung nach links folgt. Man erreicht einen Firnfleck, der nördlich unseres Gipfels eingelagert ist. Über dieses Firnfeld steigt man zum Ostgrat auf, den man im letzten Teil zu Fuß durch eine steile Rinne erreicht. Über den Grat in leichter Kletterei auf den Gipfel.

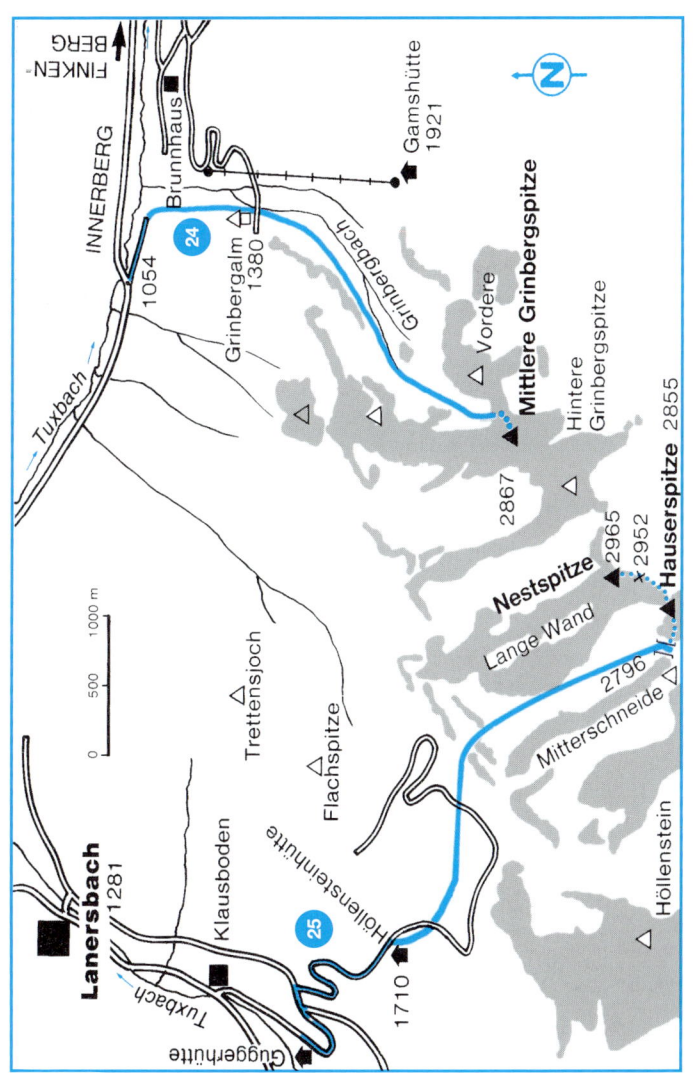

Ausgangspunkt: Lanersbach (1281 m)

Zwei Ausgangspunkte: Lanersbach (13 km von Mayrhofen) und Vorderlanersbach (1257 m, 11 km von Mayrhofen). Lanersbach ist liftmäßig gut erschlossen. Dadurch fallen eine Reihe von Tourenmöglichkeiten weg, oder die Anstiege werden stark verkürzt.

25 Nestspitze (Lange-Wand-Spitze) (2965 m)

Einsames Gegenstück zur Realspitze – ebenso schön, aber erheblich anstrengender

Touren-Steckbrief

Höhenunterschied: 1700 Hm
Zeit: 5 Std.
Schwierigkeit: Mittelschwere Skitour, ab Skidepot Kletterei (I). Mitunter lawinengefährdet. Abfahrt vorwiegend Nordost.
Beste Jahreszeit: März – Mai.

Es handelt sich gewissermaßen um eine „Parallelabfahrt" zur Realspitze.

Nach dem Ortsende von Lanersbach quert die Straße kurz auf die andere (östliche) Seite des Tuxer Baches. Bevor sie nach etwa 500 m wieder zur westlichen Talseite zurückkehrt, bei der Jausenstation „Klausboden" vorbei zur „Guggerhütte". Auf einem Fahrweg zur Höllensteinhütte (1710 m) bei der Loschboden Alm (1740 m). Nun links halten, bis man zwischen den Felsgraten der „Langen Wand" und der Mitterschneide zwischen Felsstufen Richtung Süd in das „Lange Wand Kar" einbiegen kann. Durch das mäßig steile Kar, erst im letzten Teil steil, steigt man zur Langen Wand Scharte (2796 m) auf. Die Nestspitze wird von hier aus über zwei Vorgipfel (2855 m und 2952 m) in mäßig schwierigem Anstieg über den Südwestgrat erreicht. Die meisten Tourengeher geben sich mit der Scharte oder dem etwas höheren ersten Vorgipfel („Hauserspitze") zufrieden. Das schattseitige und windgeschützte Kar weist meist gute Schneeverhältnisse auf.

Anmerkung Von der Höllensteinhütte können weitere Touren in schöne Kare unternommen werden (Nächtigungsmöglichkeit, auch Auffahrt).

Grüblspitze (2395 m) 26
Zumeist auch ohne Felle möglich – als Abwechslung an einem Lifttag

Touren-Steckbrief
Höhenunterschied: 100 Hm
Zeit: $1/2$ Std.
Schwierigkeit: Leichte Skitour, klettertechnisch unschwierig. Kaum lawinengefährdet (bei vernünftiger Spurwahl). Abfahrt vorwiegend Osthänge.
Beste Jahreszeit: Dezember – April.

Von dem früher beliebten Drei-Stunden-Anstieg ist nicht viel übrig geblieben. Mit den Bergbahnen Eggalm erreicht man mit einem Sessellift, anschließend mit einem Schlepplift („Beillift"), den Kamm in einer Höhe von 2300 m.
Ein halbstündiger Anstieg über den mitunter etwas abgeblasenen Rücken führt in einigem Auf und Ab auf den Gipfel.

Abfahrt Schöne Osthänge, über die Waldhoaralm (1850 m) in den Talboden. Bis zur Alm prachtvolles Skigelände, dann noch eine schöne Schneise. Die weitere Abfahrt ist teilweise mühsam. Weit nach rechts ausholend auf einem Waldweg bis zu einer Lichtung, über die man wieder freie Hänge erreicht. Auf und neben einer Fahrstraße in langer Schrägfahrt nach links zurück zur Talstation.

Variante Abfahrt nach Nord. In einer schönen Mulde („Eggerkar"), später deutlich rechts vom Talboden, erreicht man einen Forstweg, auf dem man in langer Querung zur Piste und zum neuen Doppelsessellift „Eggalm-Nord" bzw. gleich nach Lanersbach zurückkehrt.

27 Madseitberg (2292 m)
Vorgeschobener Gipfel mit schöner Aussicht

Touren-Steckbrief
Höhenunterschied: 900 Hm
Zeit: 3 Std.
Schwierigkeit: Mittelschwere Skitour, klettertechnisch unschwierig. Mitunter lawinengefährdet. Abfahrt vorwiegend Nord, Ost.
Beste Jahreszeit: Dezember – April.

Von Lanersbach etwa 1 km weiter in Richtung Hintertux, dann nach rechts abzweigen und mit dem PKW noch ein Stück hinauf zu den letzten Häusern.
Auf einem Forstweg zum Junsalm Hochleger (1984 m). Richtung Südost in eine deutlich ausgeprägte Mulde. Nun Richtung Süd weiter zum Kamm und zum Gipfel, der trotz der geringen Höhe einen prachtvollen Einblick in die Zillertaler Alpen bietet.

28 Geier (2857 m)

Von dieser Seite sehr selten erstiegen, Einsamkeit kann garantiert werden

Touren-Steckbrief
Höhenunterschied: 1500 Hm
Zeit: 5 Std.
Schwierigkeit: Mittelschwere Skitour, klettertechnisch unschwierig. Mitunter lawinengefährdet. Abfahrt vorwiegend Nord, Südost.
Beste Jahreszeit: Februar – Mai.

Wie beim Anstieg zum Madseitberg zum Junsalm Hochleger (1984 m). Über die teilweise steilen Südosthänge zum Junsjoch (2484 m). Die steilen Hänge sollte man nicht queren, sondern Richtung Nordwest etwa 100 m abfahren. Nun kann man in die Mulde einqueren, bis man den Normalanstieg zum Geier von der Lizumer Hütte und über ihn den Gipfel erreicht.

Variante Dieser Anstieg kann bei sicheren Firnverhältnissen zu einer Rundtour ausgeweitet werden, wenn man über die steilen und anfangs felsdurchsetzten Hänge zum Junssee und weiter in das Tal des Junsbaches abfährt.

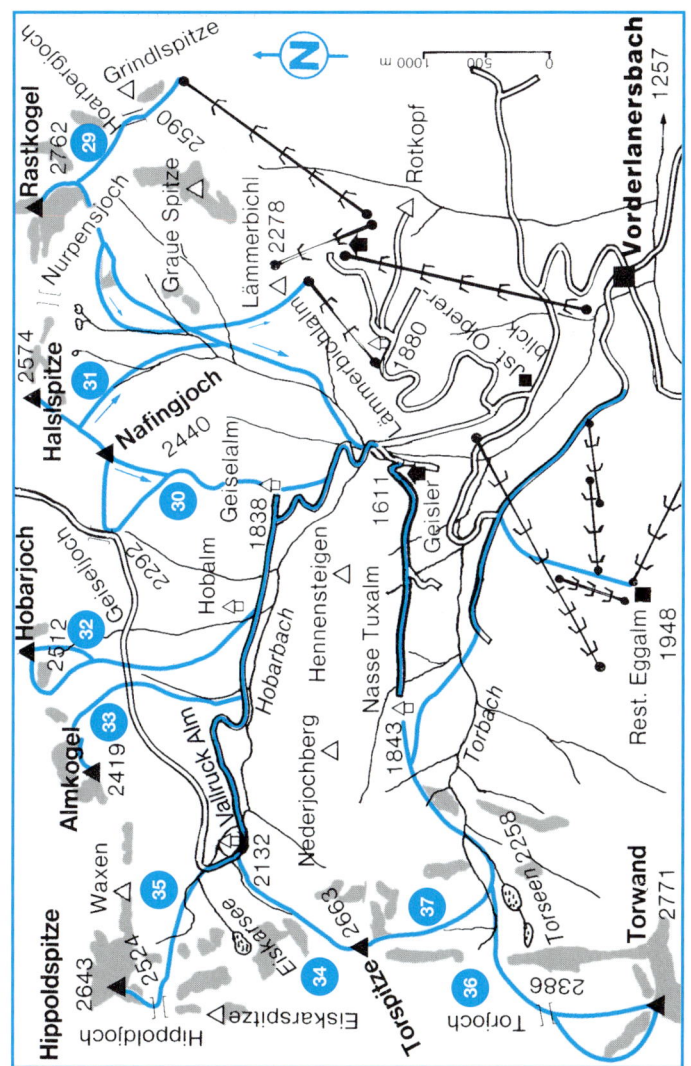

29 Rastkogel (2762 m)

Großartiger Aussichtsberg, durch Lifthilfe lange Abfahrt für geringe Anstiegsmühe

Touren-Steckbrief
Höhenunterschied: 400 Hm
Zeit: 1¹/₂ Std.
Schwierigkeit: Mittelschwere Skitour, klettertechnisch unschwierig. Mitunter lawinengefährdet. Abfahrt vorwiegend Südwest, Süd.
Beste Jahreszeit: Februar – April.

Von Vorderlanersbach mit Lifthilfe (Rastkogel I und II) in eine Höhe von 2500 m. Nun über das Hoarbergjoch (2590 m) zum Südostrücken und weiter zum Gipfel. Abfahrt auf dem Anstiegswege. Tourenmäßige Varianten möglich.

Nafingjoch (2440 m) — 30
Eine der typischen Skigruppen der Tuxer Alpen

Touren-Steckbrief
Höhenunterschied: 1000 Hm
Zeit: 3 Std.
Schwierigkeit: Mittelschwere Skitour, klettertechnisch unschwierig. Mitunter lawinengefährdet. Abfahrt vorwiegend Süd.
Beste Jahreszeit: Dezember – April.

Von Vorderlanersbach auf schmaler Bergstraße nach Schöneben (1485 m) bzw. weiter zur Jausenstation Olpererblick.
Auf einem Fahrweg in den Talboden queren und zur Geiselalm (1838 m) aufsteigen. Über schöne Wiesen nähert man sich Richtung Nord einer Steilstufe, die man am besten nach rechts ausholend überwindet. In sanftem Anstieg weiter zum Geiseljoch (2292 m) und über den Westrücken auf den Gipfel. Bei günstigen Schneeverhältnissen fährt man vom Gipfel unmittelbar Richtung Süd ab.

Halslspitze (2574 m) — 31

Das Nafingjoch ist eine Kuppe im Rücken, der von der Halslspitze nach Südwest zieht. Über diesen Rücken erreicht man fast ohne Höhenverlust die Halslspitze. Eine unmittelbare Abfahrt vom Gipfel ist nicht möglich. Man muß den Rücken bis zu einer Wegtafel zurückverfolgen (etwa auf halbem Weg zum Nafingjoch), bevor man in die schönen Hänge einfahren kann, über die man ohne den Umweg über die Geiselalm unmittelbar in den Talboden und zum Fahrweg gelangt.

Blick zum Olperer vom Nafingjoch (Nr. 30).

32 Hobarjoch (2512 m)

Von der Weidener Hütte häufig erstiegen, jedoch ist auch diese Südabfahrt lohnend

Touren-Steckbrief
Höhenunterschied: 1050 Hm
Zeit: 3¹/2 Std.
Schwierigkeit: Leichte Skitour, klettertechnisch unschwierig. Kaum lawinengefährdet (bei vernünftiger Spurwahl). Abfahrt vorwiegend Süd.
Beste Jahreszeit: Dezember – April.

Wie beim Anstieg zum Nafingjoch zur Geiselalm. Bei der Rechtskurve unterhalb der Almhütten quert man zur Hobalm (etwa 1800 m). Kurz talein, dann nach rechts und Richtung Nord über herrliches freies Skigelände zum Gipfel. Der Gipfelhang ist steil. Von links läßt sich das Hobarjoch in etwas sanfterem Anstieg erreichen.

33

Almkogel (2419 m) Wie beim Anstieg zum Hobarjoch zur Hobalm. Weiter in Richtung Talschluß, dann über die freien Südhänge aufsteigen. Im letzten Teil etwas links halten und in einer deutlich ausgeprägten Mulde zur Einsattelung zwischen Almkogel und Hobarjoch. Über den Ostrücken unschwierig auf den Gipfel.

Torspitze (2663 m) (von Nord) 34

Anstieg für Einsamkeitsfanatiker

> **Touren-Steckbrief**
> **Höhenunterschied:** 1200 Hm
> **Zeit:** 4 Std.
> **Schwierigkeit:** Schwierige Skitour (kurze Steilstufen), klettertechnisch unschwierig. Mitunter lawinengefährdet. Abfahrt vorwiegend Nord, Ost.
> **Beste Jahreszeit:** Februar – April.

Wie beim Anstieg zum Hobarjoch zur Hobalm (etwa 1800 m) und weiter Richtung Talschluß. Noch bevor man diesen erreicht (Steilstufe, Wasserfall), steigt man nach rechts bis in eine Höhe von 2000 m auf. Nun zum Talschluß und zur Vallruck Alm (2132 m). Von der Alm Richtung West steil hinauf, dann nach links in eine schöne Mulde, aus der man sanft, zuletzt aber wieder steil, den Gipfel erreicht.

Anmerkung Geiselalm und Hobalm lassen sich auch vom Lämmerbichl (Aufstiegshilfen) nach einer Abfahrt und einer etwas unangenehmen Querung erreichen. Der Zeitgewinn ist nicht bedeutend.

Wie beim Anstieg zur Torspitze zur **Hippoldspitze (2643 m)** 35
Vallruck Alm (2132 m). Richtung Nordwest in den „Hippoldanger". Steil und heikel, kleinere Felsen umgehend, zum Hippoldjoch, der Einsattelung zwischen Eiskarspitze und Hippoldspitze. Über den Südrücken unschwierig auf den Gipfel.

36 Torwand (2771 m)

Beliebter Skigipfel von der Lizumer Hütte, auf diesem Weg nur selten erstiegen

Touren-Steckbrief
Höhenunterschied: 1100 Hm
Zeit: 4 Std.
Schwierigkeit: Schwierige Skitour (kurze Steilstufen), klettertechnisch unschwierig. Mitunter lawinengefährdet. Abfahrt vorwiegend Nord – Südost.
Beste Jahreszeit: Februar – April.

Von Vorderlanersbach wandert man auf der Ski-Abfahrt taleinwärts, unter der Sesselbahn durch. Auch nach der Abfahrt von der Mittelstation Eggalm kann man auf diese Anstiegsroute stoßen. Weiter talein, über eine Brücke und zur Nassen Tuxalm (1843 m) aufsteigen. Hierher kommt man auch von der Jausenstation Geisler (1611 m), die mit dem PKW erreichbar ist.

Noch vor der Alm hält man sich links, quert ein Bachtal und anschließend oberhalb einer Felsstufe in ein Becken des Torbaches. Nach einer kurzen Steilstufe erreicht man die Torseen (2258 m) und in einem leichten Linksbogen, nunmehr ohne Schwierigkeiten, das Torjoch (2386 m). Bei sehr günstigen Verhältnissen kann man nun unmittelbar über die Nordflanke zum Gipfel aufsteigen. Sicherer und bequemer ist es, ein kurzes Stück im flachen Talboden abzufahren und den Gipfel über den Nordwestrücken zu erreichen.

37 Torspitze (2663 m) – von Süd

Wie beim Anstieg zur Torwand zur Nassen Tuxalm (1843 m) und zu den Torseen (2258 m). Durch ein schönes Südkar zum Gipfel, den man etwas von rechts her erreicht.

Steiger

Skitouren- und Langlaufführer.

Für den *aktiven* Winter.

[Denn Winterschlaf ist was für andere]

STEIGER VERLAG

Langlauf

ISBN 3-89652-081-4 — Georg Weindl — Langlauf Oberbayern

ISBN 3-89652-104-7 — Peter Mertz — Langlauf in Tirol

ISBN 3-89652-105-5 — Peter Mertz — Langlauf im Engadin

Dieter Seibert — Langlauf im Allgäu

ISBN 3-89652-106-3 — Georg Weindl — Langlauf rund um München

ISBN 3-89652-078-4 — Georg Weindl — Langlauf in Südtirol

ISBN 3-89652-107-1

STEIGER VERLAG

Mit der ersten umfassenden Langlauf-Buchserie die Loipenparadiese Europas erkunden!

- optimales Preis/Leistungs-Verhältnis
- handliches Taschenformat (11 x 16,5 cm, 96 Seiten)
- 50 Farbtafeln zu jeder Tour
- Überblick über das gesamte Loipennetz der jeweiligen Region
- Exakte Angaben zu Loipenlänge, Steigung, Schwierigkeitsgrad
- Tips zu empfehlenswerten Einkehrmöglichkeiten entlang der Strecken

Jeder Band
DM 14,80
öS 108,–/sFr. 14,–

Skitouren

- Alle wichtigen skitechnischen und touristischen Angaben
- handliches Taschenformat (11 x 16,5 cm)
- je 50 Farbabbildungen

Die 140 attraktivsten Skitouren der Region. Mit 100 Tourenkarten. Ein außergewöhnlich tourenfreudiges Gebiet! 176 Seiten,

DM **24,80**

öS 181,–/sFr. 23,–

Rudolf und Siegrun Weiss
SKITOUREN Kitzbüheler Alpen mit angrenzendem Salzburger Anteil am Nationalpark »Hohe Tauern«

ISBN 3-89652-067-9

ISBN 3-89652-070-9

Rudolf und Siegrun Weiss
SKITOUREN Zillertaler Alpen, Tuxer Alpen

Rund 70 Skitouren und 50 Tourenkarten. Tourenmöglichkeiten von Dezember bis Juni. 256 Seiten,

DM **29,80**

öS 218,–/sFr. 27,50

ISBN 3-89652-069-5

Daniel Anker/Rudolf Weiss
SKITOUREN Graubünden/Ostschweiz

Die 140 schönsten Skitouren. Mit 70 Tourenkarten und Vorschlägen für Einsteiger sowie erfahrene Tourengänger. Tourenmöglichkeiten vom Frühwinter bis zum Frühsommer. 176 Seiten,

DM **24,80**

öS 181,–/sFr. 23,–

STEIGER VERLAG

Tourenbereich Unteres Zillertal

Dieser Tourenbereich umfaßt den langen Abschnitt zwischen Mayrhofen und der Einmündung des Zillerflusses bei Straß, insgesamt 28 km. Auch in diesem Bereich der Zillertaler Alpen führen Aufstiegshilfen und Straßen (z.B. von Hippach zur Atlas Sportalm, 1730 m) hoch hinauf. Von der Sportalm oder der Rastkogelhütte DAV (2117 m) können schöne Skigipfel erstiegen werden wie Pangert (2550 m), Rastkogel (2762 m), Roßkopf (2576 m). Auch der Kraxentrager (2423 m) läßt sich von hier aus besteigen und die Kammwanderung über die Seewand (2418 m) bis zum Marchkopf (2499 m) fortsetzen.

Von Kaltenbach führt eine Gondelbahn in das Skigebiet „Hoch-Zillertal", das durch weitere Aufstiegshilfen erschlossen wird. Früher prachtvolle Tourengipfel wie Wimbachkopf (2442 m) oder Gedrechter (2217 m) sind daher keine lohnenden Ziele mehr. Ähnliches gilt für die Spieljoch-Liftanlagen bei Fügen bzw. Fügenberg, nicht aber für die kleine Hotelsiedlung Hochfügen, die immer noch ein günstiger Ausgangspunkt für schöne Tourenziele ist, wie etwa Wetterkreuzspitze (2254 m), Marchkopf (2499 m), Roßkopf (2576 m) und sogar der Gilfert (2506 m). Bei Einheimischen beliebt ist das Sonntagsköpfl (2244 m).

Karten   Für den südlichen Teil (Gebiet um die Rastkogelhütte) ÖK 149 (Lanersbach) und 150 (Mayrhofen); für den nördlichen Teil (Anstiege von Hochfügen) ÖK 119 (Schwaz) und 120 (Wörgl). Als Übersichtskarten Freytag und Berndt WK 151 (Zillertal, Tuxer Voralpen, Jenbach, Schwaz) oder Kompass Nr. 28 (Nördliches Zillertal).

Auskünfte und Zimmernachweis   Fremdenverkehrsverband A 6263 Fügen-Hochfügen, Tel. 0 52 88-22 62, Fax 30 70.

Ausgangspunkt: Atlas-Sportalm (1730 m) – Rastkogelhütte (2117 m)

Von Hippach auf einer schmalen, aber zum größten Teil gut ausgebauten Bergstraße zum Gasthof Mösl und über etliche Kehren zur Atlas-Sportalm (1730 m) nahe der Mautstelle der „Zillertaler Höhenstraße", die im Winter nicht geräumt wird.
Von hier auf einem bei Schneelage oft schwer erkennbaren Weg erst in einigem Auf und Ab zur Sidanalm (1871 m), dann mittelsteil zur Rastkogelhütte DAV (2117 m). Man kann auch über den oberen Weg ansteigend zur Hütte queren. Die Anstiege sind nicht so lang, daß eine Hüttennächtigung nötig wäre, viele Tourengeher ziehen aber die gemütliche Hütte einem Talquartier vor. Nach Schneefällen sind für die Auffahrt zur Atlas Sportalm Ketten erforderlich.

38 Rauhenkopf (2268 m)

Wer das Gepäck bei der Atlas-Sportalm vom Hüttenwirt übernehmen läßt, kann diesen hübschen Gipfel in den Hüttenanstieg „einbauen"

Touren-Steckbrief
Höhenunterschied: 550 Hm
Zeit: 1 1/2 Std.
Schwierigkeit: Leichte Skitour, klettertechnisch unschwierig. Kaum lawinengefährdet. Abfahrt vorwiegend Südwest.
Beste Jahreszeit: Dezember – April.

Ausgangspunkt ist die Atlas Sportalm. Vom Parkplatz kurz auf der Straße (Rodelbahn) bis zu einer Rechtskurve. Hier verläßt man die Straße und steigt über den schönen Südwesthang zu einer Einsattelung westlich des Rauhenkopfs auf. Über den Verbindungsrücken unschwierig zum Gipfel.

Kraxentrager (2423 m) 39

Empfohlen am ersten Tag eines Hüttenaufenthaltes zur Orientierung über die Tourenmöglichkeiten

Touren-Steckbrief
Höhenunterschied: 700 Hm
Zeit: 2¹/₂ Std.
Schwierigkeit: Mittelschwere Skitour, klettertechnisch unschwierig. Mitunter lawinengefährdet. Abfahrt vorwiegend Südwesthänge.
Beste Jahreszeit: Dezember – April.

Von der Rastkogelhütte Richtung Nordost zum Grat und über den Kamm unschwierig auf den Gipfel.

Orientierung im Gelände. Der Gipfel mit der schönen Firnflanke links von der Gruppe ist der Rauhenkopf (Nr. 38).

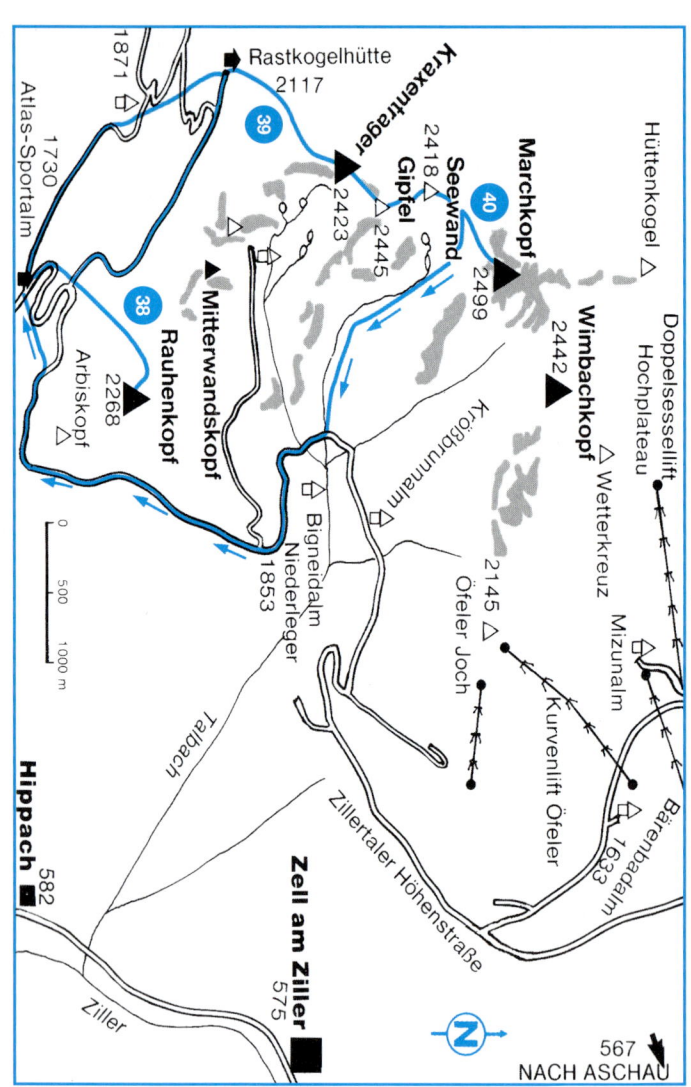

Marchkopf (2499 m) — 40

Vom Kraxentrager kann man, skiläuferisch nicht besonders lohnend, aber aussichtsreich, über den „Gipfel" (2445 m) und die Seewand (2418 m) zum Marchkopf weitersteigen. Der Grat ist durchwegs gut begehbar, lediglich nach der Seewand muß man kurz die Ski abschnallen. Der Gipfel selbst wird nicht über die (etwas verwächteten) Gratköpfe, sondern über die Südflanke erreicht. Wünscht man auch eine genußvolle Abfahrt, fährt man von der Seewand in die schönen Mulden der Bigneidalm ein. Bei der Höhenstraße ist dann allerdings eine lange Querung fällig, bis man zur Sportalm abfahren kann.

Roßkopf (2576 m) — 41
Herrliche schattseitige und windgeschützte Mulden für Abfahrtsgenießer

Touren-Steckbrief
Höhenunterschied: 850 Hm
Zeit: 3 Std.
Schwierigkeit: Mittelschwere Skitour, klettertechnisch unschwierig. Mitunter lawinengefährdet. Abfahrt vorwiegend Nordost, Südost.
Beste Jahreszeit: Dezember – April.

Von der Sportalm wie beschrieben zur Rastkogelhütte. Von hier quert man zum Sidanjoch (2127 m) und steigt über den Nordostrücken unschwierig zum Gipfel auf.
Bei der Abfahrt kann man vom halben Weg zwischen Roßkopf und Sidanjoch ziemlich steil in den Talboden abfahren. Wenn man sich in einer Höhe von 1800 m links hält, erreicht man den Weg und fast ohne Gegenanstieg die Sportalm.

42 Rastkogel (2762 m)

Höchster und beliebtester Gipfel im Tourenbereich der Rastkogelhütte

Touren-Steckbrief
Höhenunterschied: 1050 Hm
Zeit: 3$^1/_2$ Std.
Schwierigkeit: Mittelschwere Skitour, klettertechnisch unschwierig. Mitunter lawinengefährdet. Abfahrt vorwiegend Nord.
Beste Jahreszeit: Januar – April.

Von der Sportalm auf dem Weg in Richtung Rastkogelhütte. Man steigt jedoch nicht bis zur Hütte auf, sondern quert den Hang unterhalb des Sidanjochs zu einer Mulde, durch die man zu den kleinen Sidanseen aufsteigt. Hierher auch von der Rastkogelhütte nach einer kurzen Abfahrt. Nun weiter durch ein gut ausgeprägtes Tälchen bis zum Kamm, der vom Rastkogel herabzieht, und über den Südostrücken unschwierig zum Gipfel.

Pangert (2550 m)

Wenig bekannt, aber skiläuferisch vielleicht der schönste Gipfel im Tourengebiet

Touren-Steckbrief

Höhenunterschied: 850 Hm
Zeit: 3 Std.
Schwierigkeit: Schwierige Skitour, klettertechnisch unschwierig. Mitunter lawinengefährdet. Abfahrt vorwiegend Nord, Nordwest, Ost.
Beste Jahreszeit: Februar – April.

Von der Sportalm wie beim Hüttenanstieg zur Sidanalm (1871 m). Von hier quert man in das Tal des Sidanbaches. Diesem Tal folgt man in einer weiten Linkskurve bis zum Talschluß. Hierher auch von der Rastkogelhütte nach einer kurzen Abfahrt. Eine Steilstufe überwindet man auf der linken Seite (rechts Felsen), schwenkt danach aber wieder nach rechts ein und erreicht über den teilweise steilen Nordrücken den Gipfel.

Etwas kürzer, skiläuferisch sehr schön: Geradeaus (Richtung Südost) weiter zum Kamm und über den Südrücken auf das Sandegg (2360 m).

Abfahrt Unterhalb von P. 2023 zum Sidanbach. Dann mehrere Bachgräben querend und in leichtem Anstieg zur Atlas-Sportalm zurück. Dem Bachbett könnte man auch bis zum Gasthof Mösl folgen.

Unbedeutender Gipfel mit eindrucksvoller Form: Seewand beim Anstieg zum Marchkopf (Nr. 40).

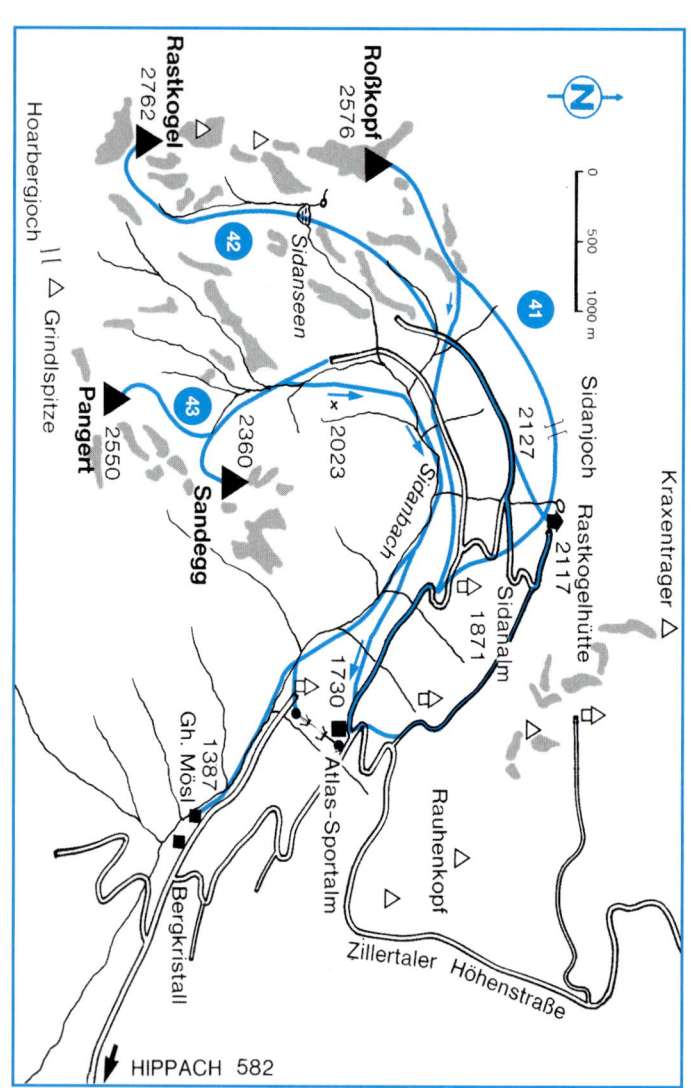

Ausgangspunkt: Fügen, Hochfügen

Eine gut ausgebaute Bergstraße führt von Fügen (544 m) im Zillertal zum Skidörfl Hochfügen (1474 m).

Wetterkreuzspitze 44
(2254 m)
Einer der schönsten Skigipfel im Fügental

Touren-Steckbrief
Höhenunterschied: 1100 Hm
Zeit: 3 1/2 Std.
Schwierigkeit: Mittelschwere Skitour, klettertechnisch unschwierig. Mitunter lawinengefährdet. Abfahrt vorwiegend West.
Beste Jahreszeit: Dezember – April.

Von Fügen zum Gasthof Schellenbergalm (1291 m, 7 km von Fügen). Man fährt noch etwa 1 km weiter und parkt dann neben der Straße. Kurze Abfahrt in den Talboden.
Man verfolgt den Bach bis zu einer Brücke, die man überquert und erst Richtung Süd, dann Richtung Südost zum Kegl Niederleger und zum Kegl Mittelleger (1706 m) aufsteigt. Durch schöne Mulden Richtung Ost zum Kamm, der vom Wetterkreuz in Richtung Nord zieht. Über diesen Kamm unschwierig mit Ski auf den Gipfel.

Anmerkung Der Anstieg läßt sich auf 1 1/2 Stunden verkürzen, wenn man vom Liftgebiet Hochfügen mit der Doppelsesselbahn Holzalm auf- und dann Richtung Nordwest zum Mittelleger abfährt. Rückkehr vom Gasthof Schellenbergalm mit dem Skibus, der Fügen und Hochfügen verbindet.

45 Kleiner Gamsstein
(1924 m)

Kurzer Anstieg, von konditionsstarken Tourengehern häufig als „Vorspeise" zum Sonntagsköpfl betrachtet

Touren-Steckbrief
Höhenunterschied: 500 Hm
Zeit: 1 1/2 Std.
Schwierigkeit: Leichte Skitour, klettertechnisch unschwierig. Kaum lawinengefährdet (bei vernünftiger Anlage der Spur). Abfahrt vorwiegend Ost.
Beste Jahreszeit: Dezember – März.

Zur Orientierung dient die Brücke über den Maschentalbach (1430 m), etwa 2 km vor Hochfügen. Gute Parkmöglichkeit 100 m nach der Brücke.
Vom Parkplatz zurück zur Brücke. Auf der rechten (nördlichen) Talseite durch eine Waldschneise, bald aber nach rechts – herrliche freie Hänge zur Maschentalalm. Über schöne Osthänge auf den Gipfel.

Pangert, kurz vor dem Gipfel (Nr. 43).

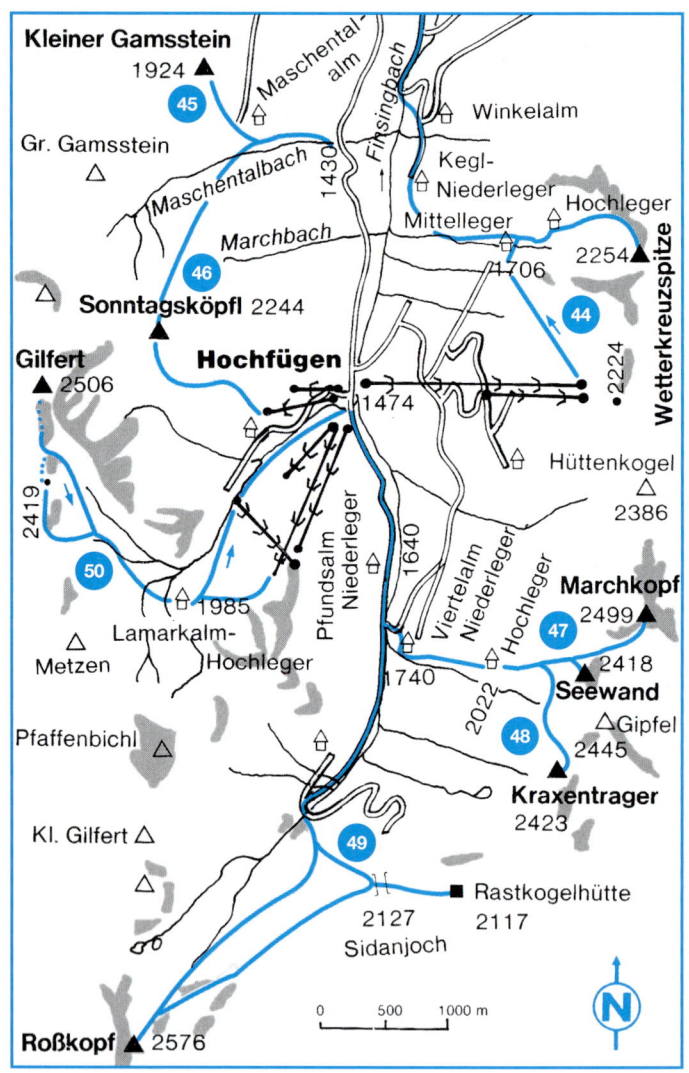

Sonntagsköpfl
(2244 m)

Idealer Skigipfel, vor allem im Hochwinter bei einheimischen Tourengehern sehr beliebt

Touren-Steckbrief
Höhenunterschied: 850 Hm
Zeit: 2¹/2 Std.
Schwierigkeit: Mittelschwere Skitour, klettertechnisch unschwierig. Kaum lawinengefährdet (bei vernünftiger Anlage der Spur). Abfahrt vorwiegend Nord (beim Anstieg von Hochfügen Ost).
Beste Jahreszeit: Dezember – April.

Wie beim Anstieg zum Kleinen Gamsstein zur Maschentalalm. Knapp unter der Alm zweigt man nach links ab, überquert an einer günstigen Stelle den tiefen Einschnitt des Maschenbachtales, und steigt über herrliche Hänge und durch schöne Mulden auf das Köpfl.

Variante Von Hochfügen über die herrlichen Ost- und Südosthänge zum Gipfel, wobei man gefährlichen Steilstufen durch eine geschickte Spuranlage ausweichen kann. Bei Benützung eines kleinen Schlepplifts („Lamark") ¹/2 St. kürzer.

47 Marchkopf (2499 m)

Abgesehen vom Fahrweg am Beginn des Anstiegs ein idealer Skigipfel

Touren-Steckbrief
Höhenunterschied: 1050 Hm
Zeit: 3^1/$_2$ Std.
Schwierigkeit: Mittelschwere Skitour, klettertechnisch unschwierig. Mitunter lawinengefährdet. Abfahrt vorwiegend West.
Beste Jahreszeit: Dezember – April.

Von Hochfügen auf einem Fahrweg (Fahrverbot, nicht geräumt) den Finsingbach entlang zum Pfundsalm Niederleger (1640 m). Wenig später zweigt nach links ein Fahrweg ab, dem wir in zwei großen Kehren zum Viertelalm Niederleger (1740 m) folgen. Richtung Südost durch schöne Zirbenbestände zum Hochleger (2022 m). Nun ziemlich genau in Richtung Ost auf den Kamm, der Seewand (2418 m, etwas kürzer erreichbar) und Marchkopf verbindet. Über diesen Kamm unschwierig zum Gipfel.

48 Kraxentrager (2423 m)

Wie beim Anstieg zum Marchkopf zum Viertelalm Hochleger (2022 m). Der Sommerweg quert hier Richtung Süd das Bachbett. Für uns ist es günstiger, bis in eine Höhe von 2150 m anzusteigen und dann erst nach rechts zu queren und in einer Mulde aufzusteigen, die den Kamm zwischen dem Kraxentrager und dem „Gipfel" erreicht. Von Nordost unschwierig auf den Gipfel.

Roßkopf (2576 m) 49

Schöner Gipfel mit herrlicher Abfahrt in den Talboden, dann etwas langweilig zum Ausgangspunkt zurück

Touren-Steckbrief

Höhenunterschied: 1150 Hm
Zeit: 3 1/2 Std.
Schwierigkeit: Mittelschwere Skitour, klettertechnisch unschwierig. Mitunter lawinengefährdet. Abfahrt vorwiegend Nord.
Beste Jahreszeit: Januar – Mai.

Wie beim Anstieg zum Marchkopf in das Tal des Finsingbaches. Nun aber weiter bis zum Talschluß. Einen sperrenden Felsriegel überwindet man, indem man auf die andere Bachseite wechselt, aufsteigt und unterhalb des Sidanjochs, in einer Höhe von 2100 m, in eine sehr flache Mulde quert. Durch die Nordflanke in zunehmender Steilheit auf den Gipfel.

Variante Leichter, aber auch langwieriger: Zum Sidanjoch (2127 m) aufsteigen und den Nordostrücken in einigem Auf und Ab bis zum Gipfel verfolgen. Das Sidanjoch ermöglicht auch einen unschwierigen Übergang zur Rastkogelhütte.

50 Gilfert (2506 m) – von Hochfügen

Von dieser Seite durch Lifthilfe verkürzt, aber deutlich anspruchsvoller als auf den üblichen Anstiegsrouten vom Gasthof Hausstatt oder Gasthof Innerst

Touren-Steckbrief

Höhenunterschied: 500 Hm
Zeit: 2^1/$_2$ Std. (ohne Lifthilfe um 1^1/$_2$ Std. länger).
Schwierigkeit: Mittelschwere Skitour (Variante schwierig).
Ab Skidepot Kletterei (I). Häufig lawinengefährdet.
Abfahrt vorwiegend Ost, Nord.
Beste Jahreszeit: März – Mai.

Auch der Gilfert läßt sich von Hochfügen aus erreichen, allerdings anspruchsvoller als von der Hausstatt oder von Innerst. Mit dem Sessellift „Pfaffenbühel" zur Bergstation (etwa 2100 m). Von hier quert man abfahrend zum Lamarkalm Hochleger (1985 m). In gemütlichem Anstieg Richtung Nordwest in den Kessel der Spitzlahn, von dem aus man nach links (Richtung West) zu dem Rücken aufsteigt, der vom Gilfert nach Süd zieht. Über diesen Rücken erreicht man, teilweise zu Fuß, den Gipfel.
Bei sicherem Firn kann man bereits von einem südlich des Gilfert gelegenen Vorgipfel steil, eng und anspruchsvoll zum Lamarkalm Hochleger abfahren. Natürlich kehrt man nicht zur Bergstation zurück, sondern fährt unmittelbar in den Talboden ab. Diese Route wählt man auch für den Aufstieg, wenn die Lifte nicht mehr in Betrieb sind (ab Sonntag nach Ostern).

Anmerkung Ein lohnendes Tourenziel ist auch der Kleine Gilfert (etwa 2380 m), den man vom Pfundsalm Mittelleger über herrliche, im oberen Teil sehr steile Osthänge erreicht.

Der Gilfert (Nr. 50) schaut von dieser Seite recht unzugänglich aus. Tatsächlich ist er auch von Hochfügen gut erreichbar. Der Anstieg führt hinter dem felsigen Grat zum Gipfel.

Tourenbereich Schwaz

Schwaz erreicht man auf der Inntal-Bundesstraße oder über die Autobahn. Von Pill, ganz nahe bei Schwaz, fährt man nach Weerberg hinauf und weiter bis zum Alpengasthof Hausstatt (1248 m). Das ist der Ausgangspunkt für den beliebtesten Anstieg auf den Gilfert (von Nordwest). Ein weiterer Ausgangspunkt für diesen beliebten Skigipfel ist der Gasthof Innerst (1283 m). Auch Innerst erreicht man über Weerberg, wobei man ebenfalls die Auffahrt von Weer wählen kann. Das Wirtshaus Hausstatt ist etwa 12 km, Innerst etwa 14 km von Schwaz entfernt. Die Bergstraßen sind zwar gut ausgebaut, im letzten Teil aber schmal. Sie erfordern nach Schneefällen Ketten. Der beschränkte Parkraum beim Gasthof Innerst wird älteren Tourenfreunden noch in unangenehmer Erinnerung sein. An Wochenenden gab es ein ordentliches Gedränge, weil man von hier aus auch die Roßlaufspitze (2248 m), den Hohen Kopf (2373 m) und den Wildofen (2553 m) besteigen kann. Seit 1986 steht ein großer Parkplatz zur Verfügung (gebührenpflichtig). Innerst ist auch der Ausgangspunkt für den Anstieg zur Nafinghütte (1799 m, „Weidener Hütte"), die weniger häufig besucht wird als die benachbarte Lizumer Hütte. Zu Unrecht! Sie bietet schöne Anstiege auf das Nafingköpfl (2454 m), die Halslspitze (2574 m), das Nafingjoch (2440 m), das Hobarjoch (2512 m). Wenn man bereit ist, einen Gegenanstieg in Kauf zu nehmen, kann man auch recht gut die Hippoldspitze (2643 m), den Wildofen (2553 m) und andere Gipfel besteigen.

Karten ÖK 149 (Lanersbach) und 119 (Schwaz). Übersichtskarten Freytag und Berndt WK 151 (Zillertal, Jenbach, Mayrhofen) oder Kompass Nr. 28 (Nördliches Zillertal).

Auskünfte und Zimmernachweis Fremdenverkehrsverband A 6133 Weerberg, Tel. 0 52 24-6 83 20, Fax 6 78 66.

Ausgangspunkt: Gasthof Hausstatt (1248 m)

Von Pill oder Weer nach Mitterweerberg, dann steil und kurvenreich zum Gasthof.

Gilfert (2506 m) – vom Gasthof Hausstatt

51

Eine der beliebtesten Skitouren in den Tuxer Alpen, sowohl für Tiroler als auch für bayerische Tourengeher

Touren-Steckbrief
Höhenunterschied: 1300 Hm
Zeit: 4 Std.
Schwierigkeit: Mittelschwere Skitour, klettertechnisch unschwierig. Mitunter lawinengefährdet. Abfahrt vorwiegend Nordwest.
Beste Jahreszeit: Dezember – März.

Auf einem Forstweg zur Waldgrenze, über die Almböden zur Lafaster Alm (1758 m). Weiter auf den Gipfel zu, den man, um einigen Felsen auszuweichen, etwas von rechts her mit Ski erreicht.

Anmerkung Schlepplift „Hüttegg" verkürzt den Anstieg um ³/₄ Std.

Ausgangspunkt: Gasthof Innerst (1283 m)

Von Pill oder Weer nach Weerberg. Nun aber nicht nach links zur Hausstatt abzweigen, sondern oberhalb des Weerbaches bleiben. Auf schmaler Bergstraße erreicht man den Gasthof Innerst (1283 m).

52 Gilfert (2506 m) vom Gasthof Innerst

Auf diesem Anstieg weniger häufig begangen als von der Hausstatt, obwohl skiläuferisch genußreicher

Touren-Steckbrief
Höhenunterschied: 1250 Hm
Zeit: 3^1/$_2$ Std.
Schwierigkeit: Mittelschwere Skitour, klettertechnisch unschwierig. Mitunter lawinengefährdet. Abfahrt vorwiegend West, Südwest.
Beste Jahreszeit: Dezember – April.

Von Innerst ein kurzes Stück ins Nurpenstal, bald aber nach links abzweigen und mit gutem Höhengewinn durch mehrere Lichtungen zur Waldgrenze und weiter zur Nonsalm (1785 m). Eine Folge von Mulden und Kuppen führt Richtung Ost zu einem felsigen Gratausläufer. Rechts davon weiter, erst später auf die linke Seite des Rückens wechseln. Ohne Schwierigkeiten mit Ski zum großen Holzkreuz auf dem Gipfel.

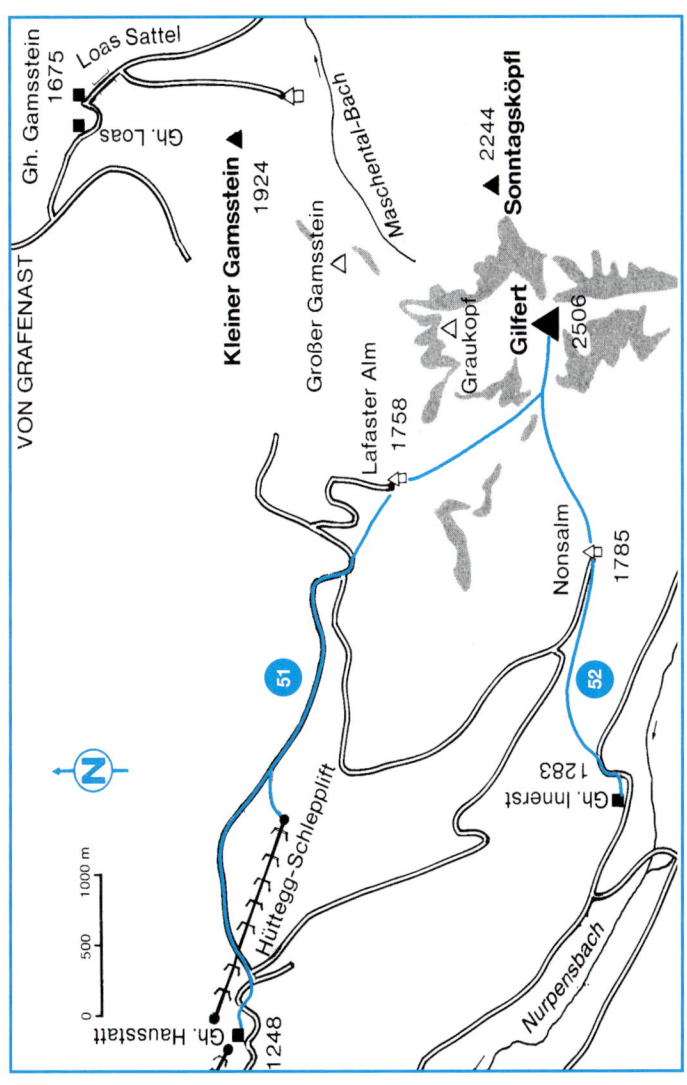

53 Roßlaufspitze
(2248 m) – von Nordost

Eine ideale Skitour – wenn der Abschluß nicht eine Forststraße wäre ...

> **Touren-Steckbrief**
> **Höhenunterschied:** 1000 Hm
> **Zeit:** 3 Std.
> **Schwierigkeit:** Mittelschwere Skitour, klettertechnisch unschwierig. Mitunter lawinengefährdet. Abfahrt vorwiegend Nordost, dann Fahrweg.
> **Beste Jahreszeit:** Dezember – April.

Von Innerst links vom Gasthof auf einem Fahrweg ins Nurpenstal bis zur Unteren Nurpensalm (1795 m), das ist gleich nach einer Doppelkehre (kurz nach dem Wechsel auf die andere Bachseite). Über schöne Nordosthänge auf einen Rücken („Alplköpfl") und über diesen unschwierig auf den Gipfel.

Weniger überlaufen als der „Große" (Nr. 52) ist der „Kleine" Gilfert, ein anspruchsvoller Skigipfel mit lohnender Abfahrt.

Roßlaufspitze
(2248 m) – von West

Lohnende Überschreitung, am besten mit Aufstieg von West und Abfahrt ins Nurpenstal

54

Touren-Steckbrief
Höhenunterschied: 1000 Hm
Zeit: 3 Std.
Schwierigkeit: Mittelschwere Skitour, klettertechnisch unschwierig. Mitunter lawinengefährdet. Abfahrt vorwiegend West, dann Fahrweg.
Beste Jahreszeit: Dezember – April.

Von Innerst den Hinweisschildern „Nafinghütte" folgen. Den Fahrweg verläßt man, sobald sich zum ersten Mal links freies Gelände zeigt. Vorbei an zahlreichen Almhütten zur Fiderißalm (1742 m) und ziemlich genau Richtung Ost zum Gipfel, dessen letzte Steilstufe man links oder rechts umgehen kann.

Auf halbem Weg zur Roßlaufspitze (Nr. 53). Blick ins Inntal, darüber das Karwendel.

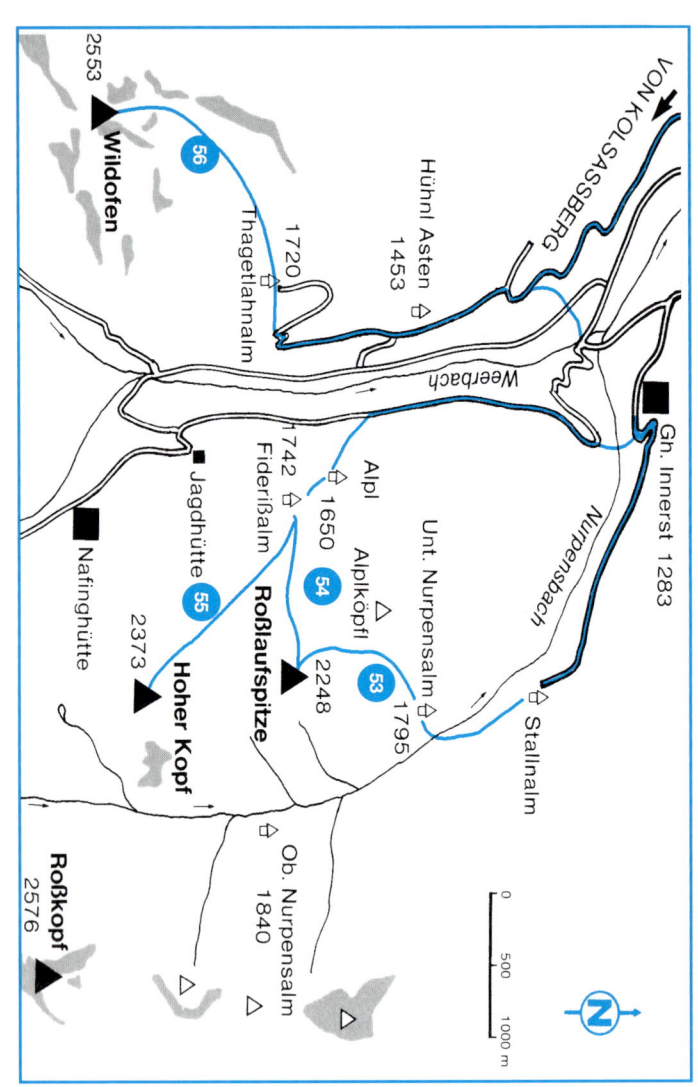

Hoher Kopf (2373 m) 55

Der Gipfel kann auch als Unterbrechung des Hüttenanstiegs „mitgenommen" werden – Aufstieg wie hier beschrieben, Abfahrt unmittelbar zur Weidener Hütte

Touren-Steckbrief
Höhenunterschied: 1100 Hm
Zeit: $3^{1}/_{2}$ Std.
Schwierigkeit: Mittelschwere Skitour, klettertechnisch unschwierig. Kaum lawinengefährdet (bei vernünftiger Spurwahl). Abfahrt vorwiegend Nordwest, dann Fahrweg.
Beste Jahreszeit: Dezember – März.

Von Innerst zum Nurpensbach hinunter, über die Brücke und auf dem Weg zur Nafinghütte etwa 40 Minuten. Nun nach links abzweigen (deutliches Hinweisschild „Hoher Kopf" und über das Alpl (1650 m) zur Fiderißalm (1742 m). Durch lichten Wald bzw. breite Schneisen auf einen schwach ausgeprägten Rücken, den man bis zum Gipfel verfolgt.

Im Anstieg zum Hohen Kopf (Nr. 55). Im Hintergrund das Hobarjoch.

56 Wildofen (2553 m)

Großartige Abfahrt über die Nordostflanke bis zur Waldgrenze

Touren-Steckbrief

Höhenunterschied: 1300 Hm
Zeit: 4 Std.
Schwierigkeit: Mittelschwere Skitour, klettertechnisch unschwierig. Mitunter lawinengefährdet. Abfahrt vorwiegend Nordost.
Beste Jahreszeit: Januar – April.

Etwa 1 km vor dem Gasthof Innerst zweigt nach rechts ein Weg ab, der in den Talboden führt und hintereinander den Nurpensbach und den Weerbach überquert. Man steigt nun über eine Lichtung auf und überquert einen Weg. Kurze Zeit später folgt man einem weiteren Fahrweg zur Hühnl Asten (1453 m). Kurz danach Wegverzweigung. Man hält sich rechts und erreicht, zuletzt eine weite Kehre abkürzend, die Thagetlahnalm (1720 m). Über schöne Hänge zu einer ausgeprägten Mulde, durch die man, nunmehr steiler, kurz unter dem Gipfel einen Rücken gewinnt. Über diesen Rücken, zuletzt einigen Felsen nach links ausweichend, zum hölzernen Gipfelkreuz.

Variante Von Weer im Inntal nach Kolsaßberg, man hält sich also auf der im Anstiegssinne rechten Talseite. Von Kolsaßberg folgt man dem Fahrweg, bis man gleichfalls die Hühnl Asten erreicht.

Ausgangspunkt: Nafinghütte (1799 m)

Die Nafinghütte gehört der Sektion Weiden des DAV (daher auch „Weidener Hütte"). Anschrift: A 6163 Weerberg, Tel. 0 52 24-85 29). Während der gesamten Tourensaison bewirtschaftet. Vom Parkplatz rechts am Gasthof Innerst vorbei, zum Nurpensbach hinunter, über die Brücke und auf dem Fahrweg in 2 Std. zur Hütte. Beim Aufstieg schöner Blick auf den Wildofen.

Hoher Kopf (2373 m) 57
Für einen kurzen Aufstieg erhält man einen guten Einblick in die Tourenmöglichkeiten der Weidener Hütte

Touren-Steckbrief
Höhenunterschied: 600 Hm
Zeit: 2 Std.
Schwierigkeit: Mittelschwere Skitour, klettertechnisch unschwierig. Mitunter lawinengefährdet. Abfahrt vorwiegend West.
Beste Jahreszeit: Dezember – April.

Von der Hütte ziemlich steil Richtung Ost bis in eine Höhe von 2100 m. Hier biegt man, bereits in weniger steilem Gelände, Richtung Nordost ein. Man erreicht eine flache Mulde und aus dieser unschwierig den Gipfel.

58 Nafingköpfl (2454 m)
Wenig ausgeprägter Gipfel mit hübscher Abfahrt

> **Touren-Steckbrief**
> **Höhenunterschied:** 650 Hm
> **Zeit:** 2 Std.
> **Schwierigkeit:** Mittelschwere Skitour, klettertechnisch unschwierig. Mitunter lawinengefährdet. Abfahrt vorwiegend Nordwest.
> **Beste Jahreszeit:** Dezember – April.

Wie zum Anstieg zum Hohen Kopf. In einer Höhe von 2100 m nach rechts abzweigen. Richtung Südost geradewegs zum Gipfel. Empfehlenswert für den letzten Tag eines Hüttenaufenthaltes: Abfahrt über die schönen Osthänge zur Haglhütte (2106 m) und durch das Nurpenstal nach Innerst.

Blick ins Inntal zum Karwendel vom Nafingköpfl (Nr. 58).

Halslspitze (2574 m)

Empfehlenswert: Schöne unmittelbare Abfahrt zur Nafingalm

Touren-Steckbrief

Höhenunterschied: 800 Hm
Zeit: 2^1/$_2$ Std.
Schwierigkeit: Leichte Skitour, klettertechnisch unschwierig. Mitunter lawinengefährdet. Abfahrt vorwiegend Nordwest.
Beste Jahreszeit: Dezember – April.

Auf dem Almweg Richtung Süd zur Nafingalm. Die großen Straßenkehren schneidet man nun ab, indem man unmittelbar zu P. 2131 und weiter in Richtung Südost zum Kamm aufsteigt, über den man unschwierig den Gipfel erreicht. Abfahrt unmittelbar durch schöne Mulden zur Nafingalm.

Blick von der Halslspitze (Nr. 59) zum Olperer.

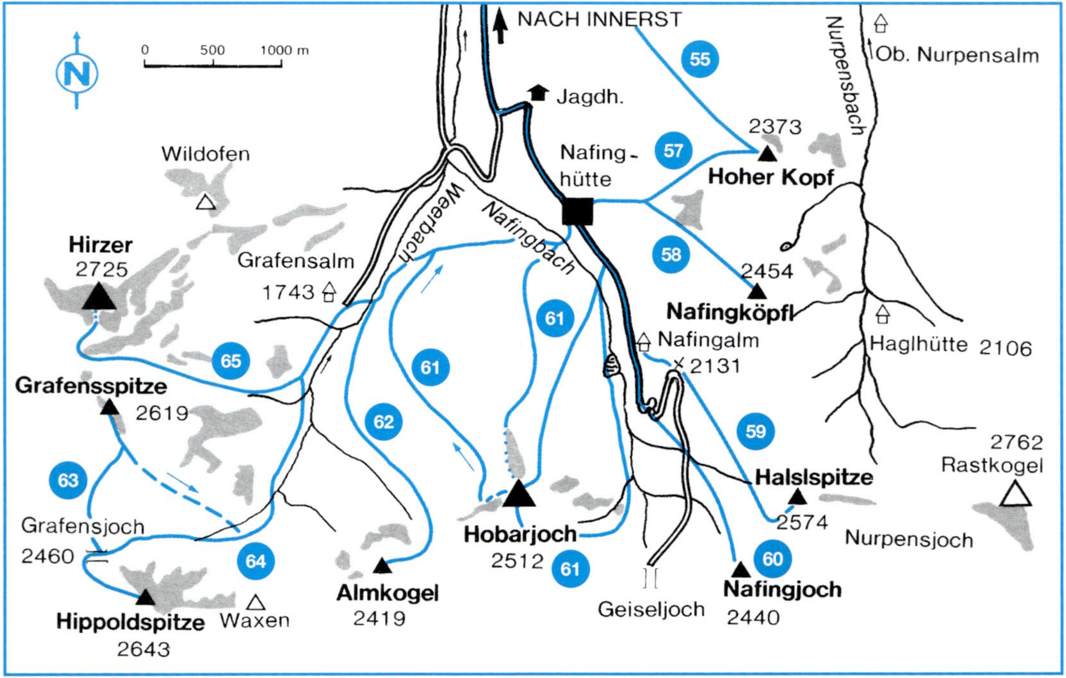
N
0 500 1000 m
NACH INNERST
Jagdh.
Nafing-hütte
Ob. Nurpensalm
Nurpensbach
2373
Hoher Kopf
Wildofen
Weerbach
Nafingbach
Hirzer
2725
Grafensalm
1743
2454
Nafingköpfl
Nafingalm
2131
Haglhütte 2106
Grafensspitze
2619
2762
Rastkogel
Halslspitze
2574
Nurpensjoch
Grafensjoch
2460
Hobarjoch
2512
Almkogel
2419
Hippoldspitze
2643
Waxen
Geiseljoch
Nafingjoch
2440
55
57
58
59
60
61
61
61
62
63
64
65

Nafingjoch (2440 m)

Zum Tuxer Tal vorgeschobener Gipfel mit prachtvollem Blick auf die Bergumrahmung des Hintertuxer Gletscherskigebietes

Touren-Steckbrief
Höhenunterschied: 650 Hm
Zeit: 3 Std.
Schwierigkeit: Leichte Skitour, klettertechnisch unschwierig. Mitunter lawinengefährdet. Abfahrt vorwiegend Nordwest.
Beste Jahreszeit: Dezember – April.

Dieses Joch ist kein Sattel, sondern eine Kuppe am Ende des Rückens, der von der Halslspitze nach Südwest zieht.
Von der Hütte auf dem Almweg zur Nafingalm und weiter bis zur ersten Kehre. Hier verläßt man den Almweg und steigt Richtung Südost auf. Man überschreitet den Weg in einer Höhe von 2200 m und erreicht durch eine flache Mulde den Gipfel.

Hobarjoch (2512 m) 61

Schöner Skigipfel mit vielfältigen Aufstiegs- und Abfahrtsmöglichkeiten

Touren-Steckbrief
Höhenunterschied: 750 Hm
Zeit: $2^{1}/_{2}$ Std.

> **Touren-Steckbrief (Fortsetzung)**
>
> **Schwierigkeit:** Mittelschwere Skitour, klettertechnisch unschwierig. Mitunter lawinengefährdet. Abfahrt vorwiegend Nordost (Varianten Südost, Ost, Nord, Nordwest).
> **Beste Jahreszeit:** Dezember – April.

Etwas niedriger als die Halslspitze, aber eindrucksvollster Gipfel im Bereich der Hütte.

Kurz auf dem Almweg, bis man auf halbem Wege zur Nafingalm eine günstige Möglichkeit findet, in den Talboden des Nafingbaches zu queren. Durch eine schöne Mulde, die meist guten Schnee aufweist, im letzten Teil steil über die Gipfelflanke zum höchsten Punkt.

Ein anderer Anstieg Im Talboden bis zum Talschluß, dann Richtung Südwest teilweise steil durch eine Mulde zum Kamm, der vom Hobarjoch nach Südost zieht. Über diesen Kamm, meist jedoch besser links davon in der Flanke, auf den Gipfel.

Abfahrtsvariante Vom Gipfel über den Kamm nach West, bis man in eine schöne schattseitige Mulde einfahren kann.

Bei geringer Schneelage läßt sich das Hobarjoch auch mit einer kurzen alpinen Einlage erreichen: Von der Hütte Abfahrt in den Talboden. Aufstieg durch schütteren Wald, teilweise schöne Lichtungen bis zu einem Kreuz auf einem Vorgipfel (von der Hütte gut sichtbar). Mit Ski weiter, zuletzt unschwieriges Stapfen und über Blöcke zum Gipfel.

Hobarjoch (Nr. 61) – kurz vor dem Gipfel.

62 Almkogel (2419 m)

Unbedeutender Gipfel zwischen dem ungleich eindrucksvolleren Hobarjoch und dem Hippold, selten bestiegen

> **Touren-Steckbrief**
> **Höhenunterschied:** 700 Hm
> **Zeit:** 2¹/₂ Std.
> **Schwierigkeit:** Mittelschwere Skitour, klettertechnisch unschwierig. Mitunter lawinengefährdet. Abfahrt vorwiegend Nordwesthänge.
> **Beste Jahreszeit:** Dezember – April.

Dieser und die nachfolgenden Anstiege haben den Nachteil, daß sie mit einer kleinen Abfahrt (die natürlich bei der Rückkehr einen Gegenanstieg bedeutet) und einer längeren Querung zur Grafensalm beginnen.

Von der Hütte kurze Abfahrt zum Nafingbach, den man überquert. Dem Verlauf des Sommerweges folgend mit geringem Höhenverlust zur Grafensalm. Zu der Alm, die etwa 50 m höher im Gegenhang steht, muß man nicht aufsteigen. Sobald man das Tal des Weerbaches erreicht hat, hält man sich links und steigt in wechselnder Steilheit Richtung Süd auf, bis man über einen vom Hobarjoch herabziehenden Rücken in die Mulde einzweigen kann, die sich zwischen Hobarjoch und Almkogel befindet. In dieser Mulde, am besten jedoch etwas oberhalb auf einem schwach ausgeprägten Rücken, zum Kamm. Nach rechts abbiegend unschwierig zum Gipfel.

Hirzer (Nr. 65), aus dem Nafingtal eine anspruchsvolle Skitour.

Grafensspitze (2619 m) 63
(auch „Krovenzspitze")

Empfehlenswert die Abfahrtsvariante über die Südostflanke in den Talboden – ein Hochgenuß für gute Skiläufer!

Touren-Steckbrief
Höhenunterschied: 900 Hm
Zeit: 3 Std.
Schwierigkeit: Mittelschwere Skitour, klettertechnisch unschwierig. Mitunter lawinengefährdet. Abfahrt vorwiegend Süd, Ost, Nord.
Beste Jahreszeit: Dezember – April.

Wie beim Anstieg zum Almkogel zum Weerbach unterhalb der Grafensalm. Im Bachbett bis zum Talschluß, dann teilweise über Steilstufen, teilweise sehr flach, zum Grafensjoch (2460 m). Über den Südrücken unschwierig zu einem Vorgipfel (Kreuz) und weiter, das letzte Stück mitunter zu Fuß, auf den Gipfel. Bei sicheren Schneeverhältnissen kann man unmittelbar über die prachtvolle Südostflanke in den Talboden abfahren (schwierig).

64 Hippoldspitze (2643 m)

Dieser Gipfel läßt sich vom Grafensjoch (2460 m) über den Nordwestrücken unschwierig, nur im letzten Teil des Anstieges etwas felsig, erreichen. Bei guter Schneelage mit Ski bis zum Gipfel möglich.

65 Hirzer (2725 m)

Ein gemütlicher Gipfel vom Gasthaus Haneburger im Wattental, das eindrucksvollste, aber auch schwierigste Skiziel im Bereich der Weidener Hütte!

Touren-Steckbrief

Höhenunterschied: 1000 Hm
Zeit: 3^1/$_2$ Std.
Schwierigkeit: Schwierige Skitour, klettertechnisch unschwierig. Häufig lawinengefährdet. Abfahrt vorwiegend Ost.
Beste Jahreszeit: März bis Mai.

Von der Hütte kurze Abfahrt zum Nafingbach, über die Brücke und – zuerst kurz ansteigend, dann in lästigem Wechsel von kurzen Aufstiegen und geringfügig längeren Abfahrten um den Untersberg herum ins Tal des Weerbaches. Im Talboden oder auf der (im Anstiegssinne) rechten Talseite taleinwärts, bis (etwa

10 Minuten nach der Grafensalm) von rechts eine ziemlich steile Rinne herabzieht. Orientierungshilfe: Links und rechts von der Rinne sieht man eine Kuppe mit Felsen und Bäumen. Durch diese Rinne verläuft unser Anstieg bis zu einer Einsattelung in der Gratverbindung zwischen Grafensspitze und Hirzer. Etwas nach links in die Flanke ausweichend, erreichen wir unschwierig den Gipfel.

Ausbildungskurse des Sportinstituts der Universität Innsbruck. Die Gruppen erreichen in Kürze die Einsattelung, von der aus man sowohl Grafensspitze (Nr. 63) als auch Hippoldspitze (Nr. 64) ersteigen kann.

Tourenbereich Wattens/ Wattener Lizum, Wattental

Wattens (564 m) ist über die Inntal-Autobahn leicht erreichbar. Von hier aus führt das Wattental in die Tuxer Alpen, dem nördlich vorgelagerten Teil der Zillertaler Alpen.
Das Wattental ist ein ergiebiges Skitourengebiet. Lange Anstiege führen auf der Westseite des Tales auf die Largoz (2214 m), den Hahneburger (2596 m) und den Malgrübler (2749 m). Auf der Ostseite sind die Rote Wand (2252 m), der recht bekannte Hirzer (2725 m), die Grafensspitze (2619 m) und die Hippoldspitze (2643 m) zu erwähnen. Vom Lager Walchen erreicht man durch das Mölser Tal schöne Skigipfel wie die Sonnenspitze (2620 m) und den Mölser Berg (2479 m).

Ein wahres Skitourenparadies ist die Wattener Lizum mit der gemütlichen Lizumer Hütte (2050 m) als Stützpunkt. Der bekannteste Gipfel, der von dieser Hütte aus erstiegen wird, ist der Geier (2857 m). Sehr beliebt sind auch die Anstiege auf den Mölser Berg (2479 m) und die Torspitze (2663 m), weil sie schöne Abfahrten zum Parkplatz beim Lager Walchen ermöglichen. Daneben sind aber noch viele andere Gipfel zu nennen wie die Graue Wand (2594 m), die Torwand (2771 m), die Pluderlinge (2778 m), der Felsklotz Reckner (2884 m), die Lizumer Sonnenspitze (2831 m), die Tarntaler Köpfe (2757 m), die Klammspitze (2515 m) und die Mölser Sonnenspitze (2496 m). Auch hübsche Rundfahrten sind möglich, z.B. über den Geier ins Mölstal und über die Klammscharte wieder zurück.

Auskünfte und Zimmernachweis Fremdenverkehrsverband A 6112 Wattens, Tel. 0 52 24-5 29 04, Fax 5 29 04.

Karten ÖK 119 (Schwaz), ÖK 149 (Lanersbach), AV-Karte 31/5 (Innsbruck-Umgebung). Übersichtskarten Freytag & Berndt WK 241 (Innsbruck-Stubai-Sellrain-Brenner) und Kompass Nr. 36 (Innsbruck-Brenner).

Ausgangspunkt: Wattental bis Lager Walchen

Wegen des Truppenübungsplatzes des österreichischen Bundesheeres in der Wattener Lizum ist die Bergstraße gut ausgebaut. Nach Schneefällen sind dennoch Schneeketten erforderlich. Ende der öffentlichen Fahrstraße beim Lager Walchen (1410 m), 12 km von Wattens, großer Parkplatz.

Rote Wand (2252 m)
Überwältigender Blick ins Inntal und auf die Karwendelkette

Touren-Steckbrief
Höhenunterschied: 1000 Hm
Zeit: 3 Std.
Schwierigkeit: Mittelschwere Skitour, klettertechnisch unschwierig. Mitunter lawinengefährdet. Abfahrt vorwiegend Nord, West.
Beste Jahreszeit: Dezember – März.

Von Wattens in das Wattental. Beim Gasthof Mühle (1003 m) zweigt nach links eine Fahrstraße ab (Hinweisschild „Schlepplift Wildstätt"), der wir bis zum Weiler Dörfl (1259 m) und weiter bis zu einem Parkplatz am Waldrand folgen.
Auf einem Forstweg zum Endpunkt des langen Rückens, der von der Roten Wand nach Nord zieht und unseren Aufstiegsweg bildet („Kreuztaxen", 1601 m). Über den Rücken durch lichten Wald, später über freie Hänge und durch schöne Mulden zu einem Vorgipfel (P. 2217, Kreuz). Zu Fuß unschwierig weiter zur Roten Wand.

Anmerkung Bei guter Schneelage empfiehlt es sich, bereits beim Gasthaus Mühle oder noch weiter unten zu parken – wunderschöne hindernislose Hänge!

67 Hirzer (2725 m) – vom Gasthaus Haneburger

Eine der beliebtesten Skitouren im Wattental

Touren-Steckbrief

Höhenunterschied: 1400 Hm
Zeit: 4 Std.
Schwierigkeit: Mittelschwere Skitour, klettertechnisch unschwierig. Mitunter lawinengefährdet. Abfahrt vorwiegend West.
Beste Jahreszeit: Januar – April.

Nebel im Inntal, freie Sicht beim Anstieg zur Roten Wand (Nr. 66).

Von Wattens zum Gasthaus Haneburger (1351 m), 9 km. Durch eine schmale Waldschneise oder (bequemer) weit nach rechts ausholend auf einem Fahrweg, später durch eine Waldschneise, ins freie Almgelände. Durch die Almböden in die weite Mulde, die dem Hirzer westlich vorgelagert ist. Durch diese Mulde zuerst sanft, dann steiler, in eine Einsattelung zwischen Hirzer und Grafensspitze. Über den Südrücken, bei günstigen Verhältnissen zum Teil mit Ski, zum Gipfel. Es ist auch möglich (häufiger begangen, doch skiläuferisch etwas weniger schön), von den Almböden nach links ausholend den Nordostrücken zu erreichen und über einen Vorgipfel zum Hirzer aufzusteigen (auch hier das letzte Stück zu Fuß).

Grafensspitze (2619 m)

Fluchtmöglichkeit, wenn auf dem benachbarten Hirzer das große Gedränge herrscht

Touren-Steckbrief
Höhenunterschied: 1250 Hm
Zeit: 3^1/$_2$ Std.
Schwierigkeit: Mittelschwere Skitour, klettertechnisch unschwierig. Mitunter lawinengefährdet. Abfahrt vorwiegend Westhänge.
Beste Jahreszeit: Dezember – April.

Von Wattens durch das Wattental bis zum Lager Walchen. Im Talboden zu den weiten Böden der Innermelang Alm. Nach links hinauf zu einem Fahrweg, den man bis zum Hochleger (2067 m) verfolgt. Richtung Nordost über einen Rücken, dann durch schöne Mulden zum Gipfel, den man zuletzt etwas von rechts her mit Ski erreicht.

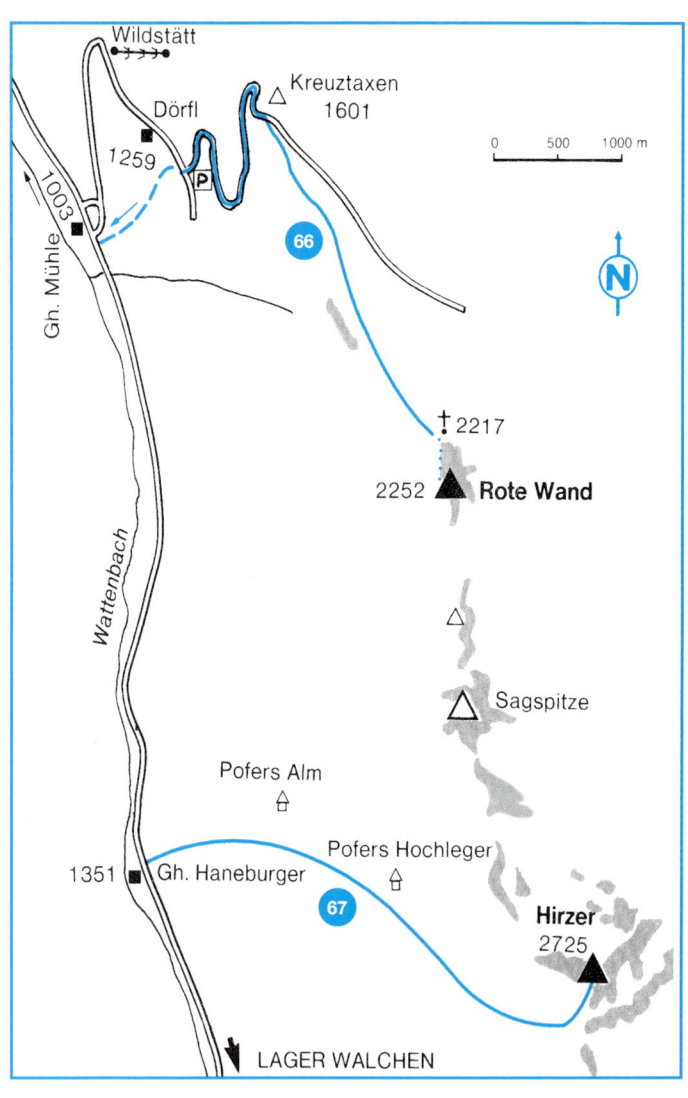

Wie beim Anstieg zur Grafensspitze **Hippold (2643 m)** zum Außermelang Hochleger (2067 m). Richtung Ost auf das Grafensjoch zu. Schon vorher nach rechts und über den Nordwestrücken, bei guter Schneelage mit Ski auf den Gipfel.

Ausgangspunkt: Lizumer Hütte (2019 m)

Die Lizumer Hütte gehört der Sektion Hall des ÖAV.
Um Weihnachten und von Mitte Februar bis Ende April bewirtschaftet. Anschrift: A 6112 Wattens, Tel. 0 52 24-21 11.
Die Hütte wird in 2 Std. über eine Fahrstraße erreicht. Ein Taxi-Unternehmen nimmt einem jedoch auf Wunsch (und gegen Bezahlung) die Mühe des Aufstiegs ab.
Die Abfahrt auf der Fahrstraße ist verboten und auch nicht reizvoll. Schöner ist es, nach einem verhältnismäßig kurzen Anstieg auf die Mölser Scharte (2379 m) durch das Mölstal oder – nach etwas längerem Anstieg – von der Torspitze (2663 m) oder (kaum

Auf dem Gipfel der Torspitze (Nr. 71).

bekannt) von der Eiskarspitze (2611 m) zum großen Parkplatz beim Lager Walchen abzufahren.

Das Skitourenparadies in der Wattener Lizum hat einen Schönheitsfehler – die gelegentlichen Schießübungen des österreichischen Bundesheeres. Diese Übungen finden jedoch nie an Wochenenden statt und sind auch an Wochentagen räumlich begrenzt.

70 Eiskarspitze (2611 m)
Wenig bekannter Skigipfel mit schönen Abfahrten

Touren-Steckbrief
Höhenunterschied: 600 Hm
Zeit: 2 Std.
Schwierigkeit: Leichte Skitour, klettertechnisch unschwierig. Kaum lawinengefährdet.
Beste Jahreszeit: Dezember – April.

Von der Hütte in der Grundrichtung Nordost ansteigen, durch recht „unruhiges" Gelände, mehrere Bachtäler querend, in eine große Mulde unterhalb der Torspitze. Ab etwa 2300 m hält man sich noch stärker links, überquert den Rücken, der von der Torspitze nach West zieht, und gelangt ohne Höhengewinn in die nächste Mulde („In der Lacken"). Über den mittelsteilen Südwesthang zum Rücken, der von der Eiskarspitze nach Süd zieht. Zuletzt zu Fuß über einige unschwierige Felsen auf den Gipfel. Wegen der langen Querung Rückkehr zur Hütte nicht sehr lohnend. Jedoch schöne Abfahrt ins Tal. Dazu trägt man die Ski über den Gipfel und fährt dann – sehr steil – über einen Westnordwesthang zur Baumgrenze. Hier hält man sich etwas links und fährt durch lichten Wald südlich von einem Bachbett bis in den Talgrund ab.

113

71 Torspitze (2663 m)

Wie beschrieben in die weite Mulde, nun aber die Grundrichtung beibehalten, auf die Torspitze zu, die man zuletzt in einem leichten Linksbogen über ihre Südsüdwestflanke ohne Schwierigkeiten erreicht. Schöne Abfahrt über die Zirmachalm zum Lager Walchen.

72 Graue Wand (2594 m)

Auf dem Anstieg zur Torspitze, bis man sich in einem Bacheinschnitt genau oberhalb der neuen Kasernen befindet. Hier zweigt man nach rechts ab und steigt in wechselnder Steilheit, zuerst in einem leichten Rechts-, dann Linksbogen zum Gipfel auf.

73 Mölser Sonnenspitze (2496 m)

Formschöner Gipfel mit einer empfehlenswerten Abfahrt zum Lager Walchen

Touren-Steckbrief

Höhenunterschied: 500 Hm
Zeit: 1¹/₂ Std.
Schwierigkeit: Mittelschwere Skitour, klettertechnisch unschwierig. Mitunter lawinengefährdet. Abfahrt vorwiegend Ost. Variante: Abfahrt vorwiegend Nordwest, Nord.
Beste Jahreszeit: Dezember – April.

Von der Lizumer Hütte Richtung West, an der Bergstation eines Schlepplifts (Benützung nur durch das Militär) vorbei, zu einer Einsattelung nördlich der Mölser Sonnenspitze („Unbenannte Scharte"). Über den Nordrücken zum Gipfel.
Die Abfahrt erfolgt am besten von der Unbenannten Scharte ins Mölstal und zum Lager Walchen (1410 m). Man fährt dazu Rich-

tung Nordwest in schöne Mulden ein, hält sich in einer Höhe von 2250 m deutlich rechts (Felsabbrüche!), quert ein Tälchen (Abfluß des Mölssees) und fährt über hindernislose Nordwesthänge zu einem Fahrweg ab. Auf diesem Weg, Kehren abschneidend, hinaus zum Lager Walchen. Rückkehr zur Hütte mit dem Taxi oder zu Fuß in 2 Std.

Mölser Berg (2479 m) — 74

Von der Lizumer Hütte rechts vom Militär-Skilift in sanftem Anstieg Richtung West zur Mölser Scharte (2379 m). Weiter über den zunächst gut begehbaren Südrücken des Mölser Berges, bis dieser Rücken schmäler und felsiger wird. Skidepot. Über unschwierige Blöcke zum höchsten Punkt.
Abfahrt am besten durch das Mölstal: Vom Skidepot ein kurzes Stück Richtung Mölser Scharte. Durch schöne Mulden, zuletzt durch lichten, gut befahrbaren Wald, zu einem Fahrweg. Über diesen Weg, Kehren abschneidend, zum Lager Walchen. Mit Taxi oder zu Fuß (2 Std.) zurück zur Hütte.

Torwand (2771 m) — 75
Von der Hütte ohne Umschweife geradewegs zum Gipfel

Touren-Steckbrief
Höhenunterschied: 750 Hm
Zeit: 2 Std.
Schwierigkeit: Mittelschwere Skitour (unmittelbare Abfahrt vom Gipfel schwierig), klettertechnisch unschwierig. Mitunter lawinengefährdet. Abfahrt vorwiegend Nordwest, West.
Beste Jahreszeit: Februar – April.

Die Torwand entsendet in Richtung Nordwest einen Rücken, der zuletzt Richtung West biegt und einen wenig ausgeprägten Vorgipfel (P. 2368) aufweist.
Von der Hütte Richtung Ost, nach dem erwähnten Vorgipfel rechts zum Rücken hinauf. Über eine mittelsteile Nordwestflanke, zuletzt zu Fuß, auf den Gipfel. Bei günstigen Schneeverhältnissen kann man vom Gipfel unmittelbar Richtung Nord in eine schöne Mulde einfahren.

76 Pluderlinge (2778 m)

In einer meist gut ausgetretenen Spur – sie führt zum beliebtesten Gipfel im Bereich der Hütte, zum Geier – zu einer Wegtafel (etwa 2640 m). Geradeaus in eine Einsenkung zwischen Geier und Pluderlinge. Über den Westrücken zu P. 2778 und fast eben weiter zu P. 2755.

Bei sicheren Schneeverhältnissen ist eine Steilabfahrt unmittelbar Richtung Nord in den Talschluß möglich. Einer schluchtartigen Verengung zwischen 2300 und 2200 m kann man unschwer links (sanfter) oder rechts (steiler) ausweichen.

Geier (2857 m) 77
Beliebtester Gipfel im Tourenbereich der Lizumer Hütte, der schöne Übergänge und Rundfahrten ermöglicht

Touren-Steckbrief
Höhenunterschied: 850 Hm
Zeit: 2$^1/_2$ Std. Variante über das Klammjoch: 3$^1/_2$ Std.
Schwierigkeit: Mittelschwere Skitour, klettertechnisch unschwierig. Mitunter lawinengefährdet. Abfahrt vorwiegend Nord.
Beste Jahreszeit: Januar – Mai.

Wie beim Anstieg zu den Pluderlingen zur Wegtafel (etwa 2640 m). Nun etwas rechts haltend über mittelsteile Hänge Richtung Südwest ohne Schwierigkeiten auf den Gipfel.

Abfahrtsvariante Die Abfahrt auf dem Anstiegswege ist meist sehr verspurt. Vom Gipfel etwa 20 Höhenmeter Richtung Ost, bis man nach rechts einbiegen und über einen sehr schö-

Im Aufstieg zum Mölser Berg (Nr. 74).

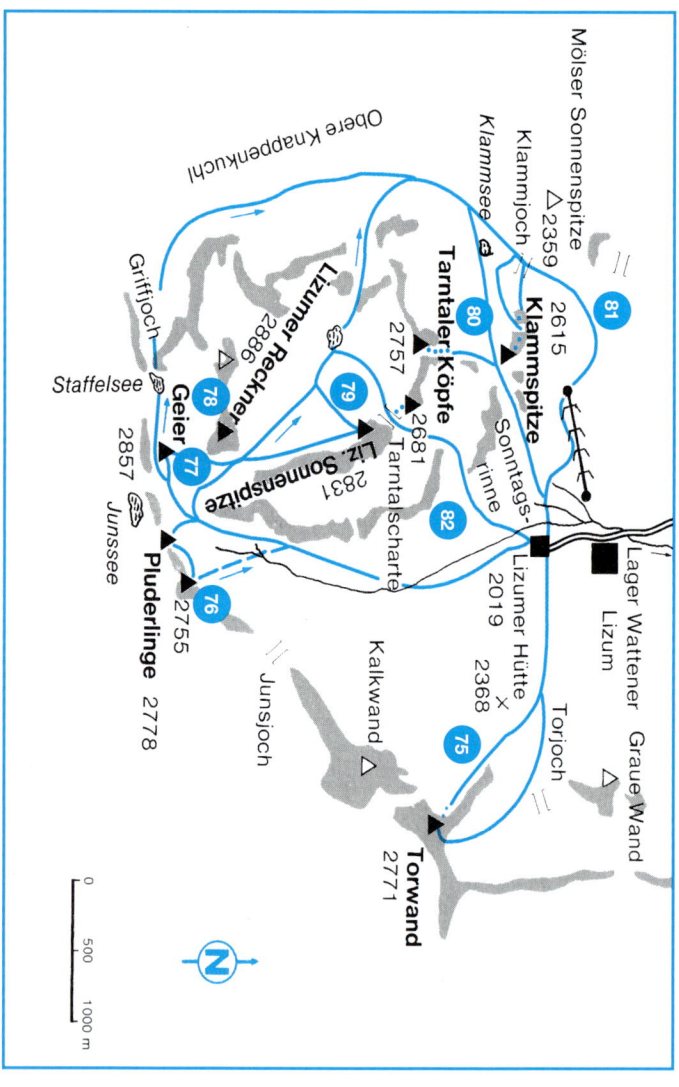

nen Westhang zum Staffelsee abfahren kann. Nahezu ohne Gegensteigung zum Griffjoch – bei Hartschnee heikle Querung, nach stärkeren Schneefällen lawinengefährdet! Nun folgen prachtvolle Hänge, wobei man beginnt, sich etwas rechts zu halten. Die herrliche Abfahrt endet in einer weiten Mulde („Obere Knappenkuchl", etwa 2120 m). Über sanfte Kuppen Richtung Nord zum Klammsee und zum nur wenige Meter darüber liegenden Klammjoch (2359 m). Dieser Gegenanstieg erfordert etwa 40 Minuten. Die Abfahrt führt in einem weiten Bogen um die Klammspitzen herum, an der Bergstation eines dem Militär vorbehaltenen Schlepplifts vorbei, zur Hütte zurück.

Auf dem Anstieg zur Geierspitze (Nr. 77).

78 Lizumer Reckner (2886 m)

Höchster Gipfel der Tuxer Alpen Kein Skigipfel. Der wuchtige Felsklotz wird aus der Einsattelung zwischen Geier und Recker über den Südgrat (Seilversicherungen) erstiegen.

Schwierige Abfahrtsvariante Von der erwähnten Einsattelung in den eigentümlich-urweltlichen Kessel des Oberen und Unteren Tarntales und steile Abfahrt zur Oberen Knappenkuchl. Über das Klammjoch (für die Sonntagsrinne ist es bei Firnbedingungen meist schon zu spät, sonst kommt auch diese Möglichkeit in Betracht) zurück zur Hütte.

79 Lizumer Sonnenspitze (2831 m)

Abfahrt mindestens ebenso schön wie vom Geier, aber zumeist unverspurt!

Touren-Steckbrief

Höhenunterschied: 850 Hm
Zeit: 3 Std.
Schwierigkeit: Mittelschwere Skitour, klettertechnisch unschwierig. Mitunter lawinengefährdet. Abfahrt vorwiegend Südwest, Nord. Variante: Schwierige Skitour. Häufig lawinengefährdet, Abfahrt vorwiegend Südwest, Nordwest, Nordost.
Beste Jahreszeit: Januar – Mai.

Auf halbem Weg zur Lizumer Sonnenspitze (Nr. 79). Beherrschend im Bild die Kalkwand.

Wie auf dem Anstieg zum Geier bis zur Wegtafel. Noch ein kurzes Stück weiter, dann nach rechts abbiegen. Es empfiehlt sich nicht, durch Hügel und Mulden Richtung Nord zu gehen, um möglichst keine Höhe zu verlieren – man verliert sie auf Raten dennoch. Günstiger ist es, bis zum ersten kleinen See im Oberen Tarntal abzufahren, dann anzufellen und – bei günstigen Bedingungen mit Ski – bis zum Gipfel aufzusteigen. Für die Abfahrt fährt man vom kleinen See ins Untere Tarntal ab und hat dann zwei Möglichkeiten: Entweder in die Obere Knappenkuchl und über das Klammjoch zurück zur Hütte, oder zur Tarntalscharte aufsteigen und über herrliche Nordosthänge zurück zur Hütte.

80 Tarntaler Köpfe (2757 m)

Die Tarntaler Köpfe bestehen aus vier Gipfeln, von denen der höchste, der „Große Tarntaler Kopf", bestiegen wird.

Von der Lizumer Hütte führt, von der Hütte vollständig einzusehen, eine steile Rinne („Sonntagsrinne") zu einer Einsattelung zwischen den Klammspitzen (rechts, nördlich) und den Tarntaler Köpfen (links, südlich). Damit ist der Anstiegsweg vorgezeichnet. Zunächst durch sanfte Mulden, dann in zunehmender Steilheit in die Scharte. Rechts vom Nordgrat so weit wie möglich mit Ski, dann in mäßig schwieriger Kletterei auf den Gipfel.

81 Klammspitze (2515 m)

Von der Hütte Richtung West, an der Bergstation des Schlepplifts vorbei, später nach Südwest abbiegend, zum Klammjoch (2359 m). Über den Westrücken, das letzte Stück zu Fuß, unschwierig auf den Gipfel.

82 Südlicher Tarntaler Kopf (2681 m)

Kein Skigipfel. Der Zustieg erfolgt jedoch über die Tarntalscharte, die eine der großartigsten Abfahrten im Bereich der Lizumer Hütte vermittelt. Von der Hütte Richtung Südwest über herrliche Hänge in zunehmender Steilheit zur Tarntalscharte (2613 m). Skidepot. Durch eine enge Rinne unschwierig zum Gipfel.

Tourenbereich Volders, Tulfes – Volderer Tal

Volders (557 m) liegt an der Inntal-Bundesstraße. Von der Autobahn ist es über die Abfahrt Wattens (13 km von Innsbruck-Ost) erreichbar. Für Tulfes (922 m) empfiehlt sich die Benützung der Autobahn-Abfahrt Hall in Tirol (6 km von Innsbruck-Ost).
Von Tulfes aus ging man die berühmteste Skitour in Tirol an: den Glungezer (2677 m). Der ursprünglich lange Anstieg (mehr als 1700 Höhenmeter von Tulfes, mehr als 2100 Höhenmeter aus dem Inntal) wird heute durch Aufstiegshilfen stark verkürzt. Gipfelsammler können mit einem geringen Umweg, der zudem eine andere Abfahrt ermöglicht, die Sonnenspitze (2639 m) „mitnehmen". Bei Einheimischen beliebt ist die Largoz (2214 m) von Volders aus. Hierbei kann man sich den Anstieg durch die Benützung eines Taxis verkürzen und auch eine großartige Abfahrtsvariante wählen. Am Ende der für den allgemeinen Verkehr zugelassenen Straße ins Voldertal, bei Volderwildbad (1104 m) beginnen lange Anstiege, die hier nicht aufgenommen wurden, etwa auf den Roßkopf (2382 m), den Hahneburger (2596 m) und den Malgrübler (2749 m). Dasselbe gilt für die Sonnenspitze (2620 m), die Grafmartspitze (2720 m), die Grünbergspitze (2790 m) und das Rosenjoch (2796 m). Hier wäre die Naturfreundehütte (1376 m) ein günstiger Stützpunkt, die jedoch in der Wintersaison geschlossen ist.

Karten AV-Karte 31/5 (Innsbruck-Umgebung, mit Skirouten). Als Übersichtskarten eignen sich Freytag und Berndt WK 241 (Innsbruck, Stubai-Sellrain, Brenner) oder Kompass Nr. 36 (Innsbruck, Brenner).

Auskünfte und Zimmernachweis Fremdenverkehrsverband A 6111 Volders, Tel. 0 52 24-3 11 11. Fremdenverkehrsverband A 6060 Tulfes, Tel. 0 52 23-83 24. Fax 88 08.

83 Largoz (2214 m)

„Der" oder „die" Largoz, darüber sind sich die Tourengeher nicht einig. Wir übernehmen das „die" von Professor Finsterwalder, dem bekanntesten Tiroler Namenforscher

Touren-Steckbrief
Höhenunterschied: 900 Hm
Zeit: $2^1/_2$ Std.
Schwierigkeit: Mittelschwere Skitour, klettertechnisch unschwierig. Mitunter lawinengefährdet. Abfahrt vorwiegend Nord (1650 Höhenmeter!).
Beste Jahreszeit: Dezember – März.

Von Volders auf einer Fahrstraße zur Krepperhütte (1351 m). Da der schöne Teil der Abfahrt erst bei der Krepperhütte beginnt (freie Wiesen bis ins Inntal), empfiehlt es sich, mit dem Taxi hinaufzufahren. Bei günstigem Tourenwetter an Samstagen und Sonntagen Pendelverkehr vom Gasthof Post in Volders zur Krepperhütte. Von der Krepperhütte (meist gut gespurt) durch den Wald zur Largozalm (1963 m). Richtung Südost durch Mulden und über kurze Steilstufen zum Gipfel.

Die Abfahrt auf dem Anstiegswege ist schön (mit Ausnahme einiger waldiger Abschnitte), aber meist stark verspurt. Schöner ist und seltener befahren wird die nordseitige Abfahrt, links am Glotzenkreuz (2092 m) vorbei. Im oberen Teil herrliches freies Gelände, dann Waldschneisen. Bei der Jagdhütte Schönrastboden (1569 m) beginnt eine Querung nach links (Forstweg), bis man wieder schöne Wiesen findet, die zum Vögelsberg oberhalb von Wattens hinabführen. Da man das Auto in Volders geparkt hat, hält man sich in einer Höhe von etwa 800 m stark links und kehrt, zuletzt am Schloß Aschach vorbei, zum Ausgangspunkt zurück. Bei der Abfahrt Aufforstungen beachten!

Von der Krepperhütte wie beim **Wattenspitze (2321 m)** Anstieg zur Largoz zur Largozalm (1963 m). Hier hält man sich weiter rechts und steigt zuerst Richtung Süd, dann Südost zum Nordkamm auf, über den man den Gipfel erreicht. Abfahrt bis zur Krepperhütte auf dem Anstiegswege, dann – auf Grund der vielen Spuren – leicht zu finden.

84

Roßkopf (2382 m)

85

Zusammen mit Haneburger und Malgrübler beliebter Skigipfel im Volderer Tal

Touren-Steckbrief
Höhenunterschied: 1400 Hm
Zeit: 4 Std.
Schwierigkeit: Mittelschwere Skitour, klettertechnisch unschwierig. Mitunter lawinengefährdet. Abfahrt vorwiegend West.
Beste Jahreszeit: Dezember – April.

Von Volders bis zum Ende der für den allgemeinen Verkehr zugelassenen Straße bei Volderwildbad (1104 m).
Auf einer Fahrstraße zwei Kilometer taleinwärts. Hier zweigt man nach links ab (Lechneraste, 1367 m, oberhalb der Straße) und steigt durch eine Schneise zur Markißalm (1896 m) auf. Richtung Ost über Almböden auf den Gipfel zu. Den felsigen Gipfelaufbau umgeht man, indem man nach links ausholt und über die Nordwestflanke aufsteigt.
Bei der Abfahrt folgt man bis zur Markißalm dem Aufstiegsweg, fährt aber dann geradewegs zum Talboden ab, den man bei der Naturfreundehütte (1376 m) erreicht. Diese Möglichkeit kann natürlich auch für den Aufstieg gewählt werden. Auch von der Largozalm kann man den Roßkopf erreichen.

86 Glungezer (2677 m)

Mini-Anstieg mit Riesenabfahrt, dazu großartige Aussicht und Einkehrmöglichkeit wenige Minuten unter dem Gipfel – ideal, um Kindern Geschmack am Tourengehen zu vermitteln

Touren-Steckbrief
Höhenunterschied: 500 Hm
Zeit: 1 1/2 Std.
Schwierigkeit: Mittelschwere Skitour, klettertechnisch unschwierig. Kaum lawinengefährdet. Abfahrt vorwiegend Nord.
Beste Jahreszeit: Dezember – April.

Von Tulfes mit Aufstiegshilfen bis in eine Höhe von etwa 2300 m. Abfahrt zur Schäferhütte und zum „Normalweg". Häufig gibt es neben der Skispur sogar noch eine Stapfspur. Die letzte Hangquerung vor der Hütte wird meist vom Hüttenwirt der Glungezerhütte ÖAV (2610 m) ein wenig präpariert, um den Aufstieg zu erleichtern. Von der Hütte erreicht man über einen kurzen Steilhang (meist zu Fuß) den Gipfel.

Die Abfahrt ist in der Regel zu einer rauhen Piste eingefahren. Es gibt jedoch zahlreiche Varianten, z.B. den schönen Nordosthang zur Schäferhütte (2277 m), den man von der Glungezerhütte nach einer kurzen Querung nach rechts erreicht, oder die Abfahrt durch das „Frauental" in die „Kalte Kuchl". Zwischen Frauental und Normalabfahrt liegen zudem weitere Mulden, die bei entsprechender Vorsicht (kleine Felsabbrüche) benützt werden können, wenn man noch unverspurten Schnee ergattern möchte. Achtung: Die Varianten sind skitechnisch schwieriger und mitunter lawinengefährdet!

Von der Hütte läßt sich (zu Fuß über einen unschwierigen Verbindungsgrat) die Sonnenspitze (2639 m) in zehn Minuten erreichen, der westliche Nachbar des Glungezer. Nach einem schönen Gipfelhang fährt man von hier am besten in das Frauental ein und in die „Kalte Kuchl" ab. Im unteren Teil der Abfahrt Piste nicht verlassen (Wald). Da das Auto in der Regel bei der Talstation des Lifts geparkt wird, verkürzt sich heute die „längste Abfahrt der Ost-Alpen" auf immer noch ansehnliche 1700 Höhenmeter. Wer die volle Länge der Abfahrt ausnützen möchte, verläßt die Piste am besten bei dem Gasthof Windegg (etwa 1180 m) und fährt weiterhin Richtung Nord (also nicht der Piste Richtung West folgend) über den Kleinvolderberg ins Inntal ab, das man vor Volders bei der in der Beschreibung des Tourenbereiches erwähnten Borromäus-Kirche erreicht. Sehr schöne Wiesen, bei guter Schneelage empfehlenswert.

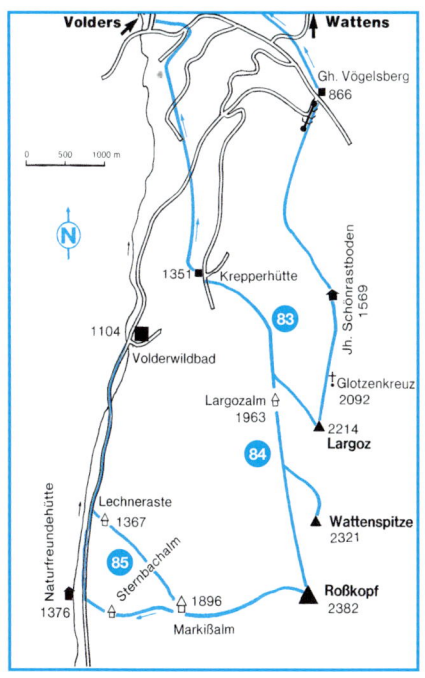
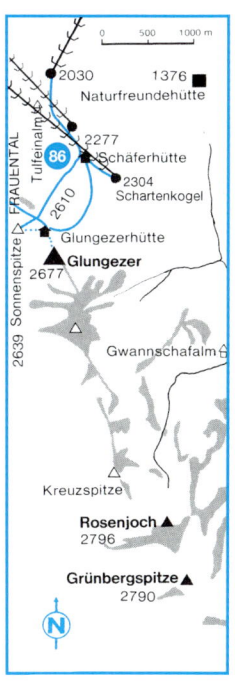

Tourenbereich Innsbruck-Igls

Innsbruck und Igls sind keine unmittelbaren Ausgangspunkte mehr für Skitouren in den Zillertaler bzw. in den Tuxer Alpen. Die Seilbahn auf den Patscherkofel kann allerdings den Anstieg zum Meißner Haus im Viggartal verkürzen.
Viggartal und Arztal sind von Innsbruck oder Igls aus rasch erreichbar und daher diesem Tourenbereich zuzurechnen. Das Meißner Haus DAV (1707 m) ist der Ausgangspunkt für den weithin bekannten Morgenkogel (2607 m), der in keinem Auswahlführer fehlt. Auch der Glungezer (2677 m), die Viggarspitze (2306 m) und die Kreuzspitze (2746 m) werden von hier aus bestiegen.
Als Tourengebiet ist das Arztal noch ergiebiger. Zwar gibt es auch im Arztal eine Hütte, die aber nicht allgemein zugänglich ist („Eisenbahnerhütte"). Dadurch beginnt jeder Anstieg mit einer Wanderung auf einer Fahrstraße, deren Gefälle aber für eine zügige Abfahrt ohne Schieben ausreicht. Auf der Schattseite werden das Pfoner Köpfl (2334 m), das Kreuzjöchl (2640 m), das Seeköpfl (2717 m), die Grünbergspitze (2790 m) bestiegen. Teilweise sonnseitig erfolgt die Abfahrt vom Rosenjoch (2796 m) und von der Kreuzspitze (2746 m). Vollständig südseitig ist der Anstieg auf den Morgenkogel (2607 m). Das Arztal ist viel weniger bekannt als das Viggartal, wenn man von einheimischen Tourengehern absieht.

Karten AV-Karte 31/5 (Innsbruck-Umgebung, mit Skirouten). Übersichtskarten: Freytag und Berndt WK 241 (Innsbruck, Stubai, Sellrain, Brenner) oder Kompass Nr. 36 (Innsbruck, Brenner).

Auskünfte und Zimmernachweis Fremdenverkehrsverband Innsbruck-Igls und Umgebung, A 6020 Innsbruck, Burggraben 3, Tel. 05 12-5 98 50, Fax 5 98 50-7.

Föhnsturm beim Anstieg zur Kreuzspitze (Nr. 88, Tourengebiet Meißner Haus).

Ausgangspunkt: Viggartal, Meißner Haus (1707 m)

Von Igls über Patsch nach Mühltal (1039 m), einem Ortsteil von Ellbögen. Beschränkte Parkmöglichkeit. Nach der Brücke beginnt der Fahrweg (Fahrverbot, Rodelbahn), der uns in zwei Stunden zum Meißner Haus der Sektion Ebersberg-Gafing des DAV führt. Die Hütte wird nahezu ganzjährig bewirtschaftet. Ein kürzerer, bisweilen aber lawinengefährdeter Zugang ist von der Bergstation der Patscherkofelseilbahn möglich. Die Lawinengalerie, die diesen Zugang früher gesichert hat, ist längst verfallen, da sie für den Zustieg zum Glungezer kaum mehr benützt wurde. Den steilen Gipfelhang Richtung Ost queren zum Grünbichl. Durch ein Tälchen kurz hinab und leicht ansteigend zum Issanger und rechts hinauf auf den Sattel („Boscheben", 2030 m). Richtung Südost über eine ausgeschlagene Waldabfahrt ins Viggartal und zum Meißner Haus. Bei der Rückkehr kann man von Boscheben mit einem kurzen Gegenanstieg über die Sistranser Alm nach Sistrans abfahren, muß also nicht zur Bergstation zurückkehren. Autobusverbindung nach Igls.

87 Morgenkogel (2607 m)

Seit den Anfängen des Skilaufs bei Innsbrucker Tourengehern beliebte Rundfahrt

Touren-Steckbrief

Höhenunterschied: 950 Hm
Zeit: 2^1/$_2$ Std.
Schwierigkeit: Leichte Skitour, klettertechnisch unschwierig. Kaum lawinengefährdet (bei richtiger Spurwahl). Abfahrt vorwiegend Nord.
Beste Jahreszeit: Dezember – April.

Vom Meißner Haus in den Talboden, auf einer Brücke über den Viggarbach. Durch eine Waldschneise Richtung Süd in das freie Gelände der Ochsenalm. Über die Westflanke, bei unsicheren Verhältnissen über den Westgrat, auf den Gipfel. Wer nach Mühltal abfahren will, muß nicht zum Meißner Haus zurückkehren. Schöner ist die Abfahrt Richtung Nordnordwest zur Profeglalm (1809 m). Weiter auf einer Forststraße, die aber angenehmer ist als die Fahrstraße durch das Viggartal beim Hüttenanstieg.

Über einen sanften Gratrücken führt der Weg zum Morgenkogel (Nr. 87).

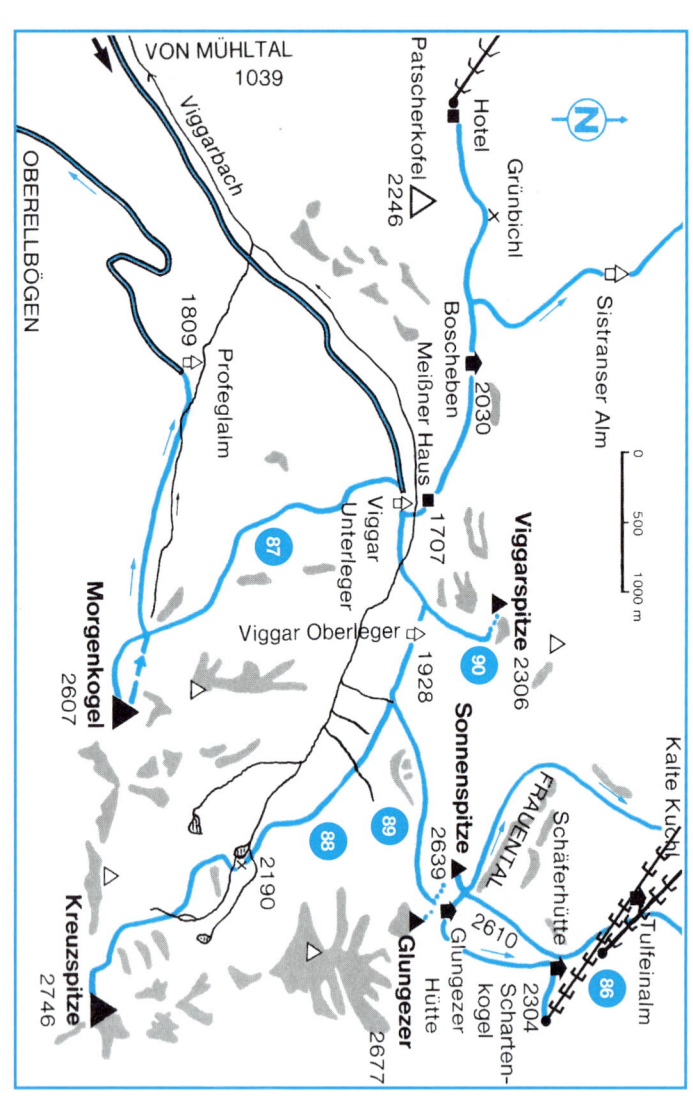

Kreuzspitze (2746 m) 88

Typisch für die Tuxer Alpen: Im Gegensatz zu den gemütlichen Kitzbüheler Skikuppen urtümlich und rauh

Touren-Steckbrief
Höhenunterschied: 1050 Hm
Zeit: 3¹/₂ Std.
Schwierigkeit: Mittelschwere Skitour, klettertechnisch unschwierig. Mitunter lawinengefährdet. Abfahrt vorwiegend Nordwest.
Beste Jahreszeit: Dezember – April.

Von der Hütte zum Viggarbach, über die Brücke und weiter taleinwärts. Der weitere Verlauf des Tales wird oft von Lawinen bedroht. Deshalb überquert man nach einer guten Viertelstunde neuerlich den Bach und steigt zum Viggar Oberleger (1928 m) auf. Oberhalb des Bachbettes zum Talschluß und weiter zu einem großen Felsblock, dem „Geschriebenen Stein" (2190 m). In wechselnder Steilheit zu einer Einsattelung westlich des Gipfels und über den Westgrat zum höchsten Punkt.
Die Abfahrt folgt dem Anstiegswege.

Glungezer (2677 m) 89

Wie beim Anstieg zur Kreuzspitze zum Viggar Oberleger. Über einen ziemlich steilen Südwesthang zum Vorderen Schönbichl (2397 m) und in einer Mulde weiter, bis man – neuerlich steil – zur Glungezer Hütte (2610 m) der Sektion Hall des ÖAV aufsteigen kann. Zu Fuß über einen Trampelpfad zum Gipfelkreuz.

Viggarspitze (2306 m) Schwierige Skitour. Wie beim Anstieg zur Kreuzspitze zum Viggar Oberleger (1928 m). Richtung Nord auf den Rücken, der von der Viggarspitze zur Sonnenspitze bzw. zum Glungezer zieht. Vom Rücken über einen Vorgipfel zum Gipfelkreuz, die letzten Meter zu Fuß.

Ausgangspunkt: Parkplatz Hinterlarcher

Von Igls über Patsch und Mühltal nach Ellbögen. „Ellbögen" ist eher eine Gegend als ein Dorf, denn die einzelnen Ortsteile sind weit verstreut. Kurz nach Mühltal wählen wir die „Oberstraße", die nach links abzweigt und uns über Dörfl (1229 m) nach Oberellbögen und bis zum Gehöft Hinterlarcher (1407 m, Parkplatz 400 m vor dem Hof, großartige Aussicht) führt.

Pfoner Köpfl (2334 m)
Wie alle Touren im Arztal: Eher langweilig bis zur Waldgrenze, wunderschön ab der „Eisenbahnerhütte"

Touren-Steckbrief
Höhenunterschied: 950 Hm
Zeit: 3 Std.
Schwierigkeit: Leichte Skitour, klettertechnisch unschwierig. Kaum lawinengefährdet (bei vernünftiger Spurwahl). Abfahrt vorwiegend Nord, Nordwest, ab Arztaler Niederleger an Südhängen.
Beste Jahreszeit: Dezember – März.

Auf einer Foststraße hoch über dem Talboden, zuerst eben, bald aber kräftig ansteigend, ins Arztal. In etwa 1700 m Höhe wendet sich die Straße deutlich nach links. Wir behalten unsere

Anstiegsrichtung bei. Weitere Kennzeichen dieser wichtigen Abzweigung sind ein Marterl und die Talstation einer kleinen Materialseilbahn. Weiter zur „Eisenbahnerhütte" (privat). Über einen Rücken in sanftes Almgelände und durch eine weite Ostmulde zum Gipfel.

Anmerkung Aufstieg auch von Pfons möglich ($3^1/_2$ Std.).

Wie beim Anstieg zum Pfoner Köpfl bis **Kreuzjöchl (2640 m)** in eine Höhe von 2100 m. Nun geradeaus über die „Hohen Mäder" zur Einsenkung zwischen Pfoner Köpfl und Kreuzjöchl. Über den Westrücken, das letzte Stück ziemlich steil, auf den Gipfel.

Anmerkung Aufstieg auch von Pfons über das Pfoner Köpfl möglich ($4^1/_2$ Std.).

Seeköpfl (2717 m)

Feine, in den lohnenden Teilen schattseitige Abfahrt nach einem gehörig langen Aufstieg

Touren-Steckbrief

Höhenunterschied: 1350 Hm
Zeit: $4^1/_2$ Std.
Schwierigkeit: Schwierige Skitour (kurze Steilstücke), klettertechnisch unschwierig. Mitunter lawinengefährdet. Abfahrt vorwiegend West, zuletzt Südhänge.
Beste Jahreszeit: Februar – April.

Vom Hinterlarcher zur Eisenbahnerhütte. Richtung Südost, einem Felsköpfel bei P. 2397 nach links ausweichend, zum Seeblesboden. Zum Gipfel steil, aber unschwierig.

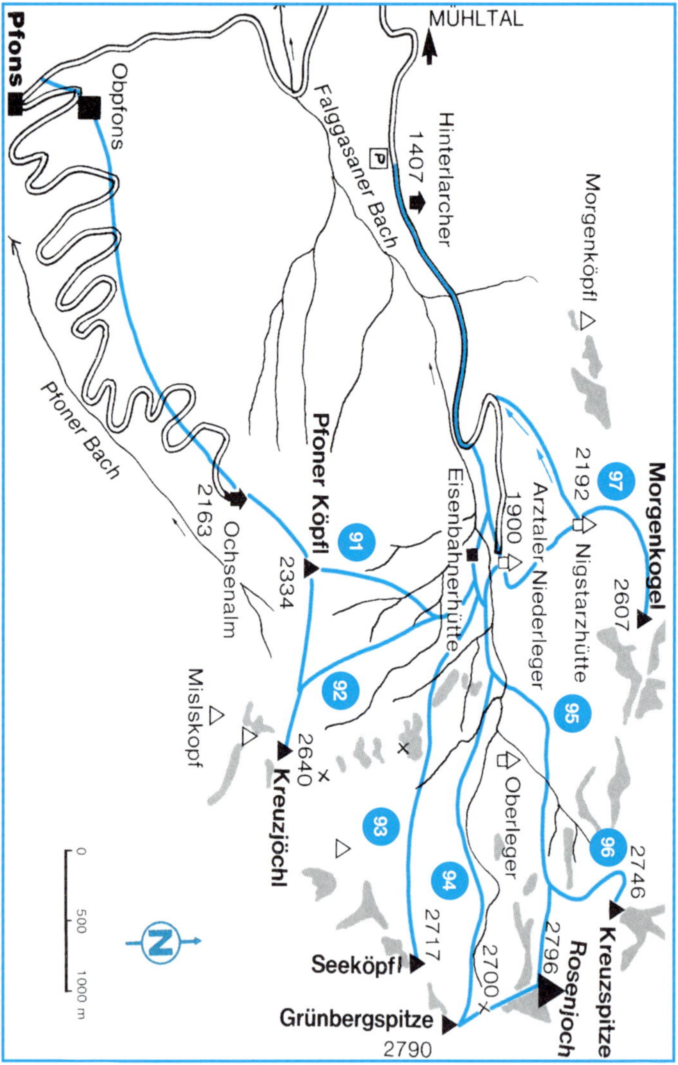

MÜHLTAL
Pfons
Obpfons
Hinterlarcher
1407
Falggasaner Bach
Pfoner Bach
Morgenköpfl
Morgenkogel
2607
2192
97
Arztaler Niederleger
1900
Nigstarzhütte
Eisenbahnerhütte
Pfoner Köpfl
2334
91
2163
Ochsenalm
Mislskopf
92
2640
Kreuzjöchl
95
Oberleger
96
2746
Kreuzspitze
93
94
2717
Seeköpfl
2700
2796
Rosenjoch
Grünbergspitze
2790
0
500
1000 m
N

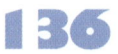

Grünbergspitze 94
(2790 m)
Gipfel über dem hintersten Talboden

Touren-Steckbrief
Höhenunterschied: 1400 Hm
Zeit: 4^1/$_2$ Std.
Schwierigkeit: Schwierige Skitour (kurze Steilstücke), klettertechnisch unschwierig. Mitunter lawinengefährdet. Abfahrt vorwiegend West.
Beste Jahreszeit: Januar – April.

Vom Hinterlarcher zur Eisenbahnerhütte oder zum Arztaler Niederleger und auf der rechten Talseite (im Anstiegssinne) in Grundrichtung Ost, bis man den Gipfel – etwas von links her – erreicht. Von der Grünbergspitze kann man mit einem geringen Höhenverlust zum etwas höheren Rosenjoch weitersteigen und in Verbindung mit dem nachfolgend beschriebenen Anstieg, den man dann natürlich für die Abfahrt benützt, eine Überschreitung durchführen.

Rosenjoch (2796 m) 95
Höchste Erhebung im Tourenbereich Arztal

Touren-Steckbrief
Höhenunterschied: 1400 Hm
Zeit: 4^1/$_2$ Std.

Touren-Steckbrief (Fortsetzung)
Schwierigkeit: Schwierige Skitour (kurze Steilstücke), klettertechnisch unschwierig. Mitunter lawinengefährdet. Abfahrt vorwiegend West, Südwest
Beste Jahreszeit: Januar – April.

Vom Hinterlarcher zur Eisenbahnerhütte oder zum Arztaler Niederleger. Auf der rechten Talseite (im Anstiegssinne) bis zu einigen Felsen. Hier wechselt man die Talseite und steigt Richtung Nord bis in eine Höhe von 2300 m an. Man wendet sich scharf rechts („Penzenböden") und erreicht Richtung Ost unmittelbar das Rosenjoch.

Kreuzspitze (2746 m) Wie beim Anstieg zum Rosenjoch bis in eine Höhe von 2600 m. Hier wendet man sich nach links und quert eine Mulde unterhalb des felsigen Gipfelaufbaus der Kreuzspitze, bis man an einer geeigneten Stelle den Westgrat übersteigen kann. Den Gipfel erreicht man ziemlich steil über die Nordwestflanke, also von der dem Arztal abgekehrten Seite.

Morgenkogel (2607 m)
Der beliebte Skigipfel von seiner Sonnenseite – mit Option auf eine genußreiche Firnabfahrt

Touren-Steckbrief
Höhenunterschied: 1200 Hm
Zeit: $3^1/_2$ Std.
Schwierigkeit: Mittelschwere Skitour, klettertechnisch unschwierig. Mitunter lawinengefährdet.

> **Touren-Steckbrief (Fortsetzung)**
> Abfahrt vorwiegend West, Süd, Südwest.
> **Beste Jahreszeit:** Dezember – März.

Auch der Paradegipfel des Viggartales läßt sich vom Arztal aus ersteigen. Vom Hinterlarcher auf dem Fahrweg zur Arztaler Niederleger Alm. Ein kurzes Stück einwärts, dann Richtung Nordwest über die weiten Südhänge zur Nigstarzhütte (2192 m, auch „Kellerhütte") und weiter hinauf bis zu dem Rücken, der vom Morgenkogel nach West zieht. Man erreicht ihn in etwa 2400 m Höhe. Über diesen Rücken, zuletzt etwas in die Westflanke ausweichend, auf den Gipfel. Bei der Abfahrt ist es möglich, von der Nigstarzhütte unmittelbar bis zum Fahrweg abzufahren.

Tourenbereich Matrei und Steinach a. Br. – Naviser Tal

Matrei liegt 22 km, Steinach 26 km von Innsbruck an der Brennerstraße. Benützer der Autobahn fahren bei der Mautstelle Matrei-Steinach ab. Die Tourenmöglichkeiten sind ungemein vielfältig. In einer aussichtsreichen Kammwanderung kann man über den Bärenkopf (1837 m) und den Schröflkogel (2153 m) bis zum Bendelstein (2436 m) steigen. Von der teilweise schmalen, aber gut ausgebauten Bergstraße nach Navis (1340 m) zweigen die beliebten sonnseitigen Anstiege auf das Mislsjoch (2298 m) und den Mislskopf (2623 m) ab. Über den Rauhen Kamm (2654 m) können Gipfelsammler gleichfalls bis zum Kreuzjöchl (2640 m) weitersteigen. Weniger gemütlich geht es bei den schattseitigen Touren aus dem Navistal zu. Bendelstein (2436 m), Sunntiger (2400 m) und Schafseitenspitze (2602 m) sind ausgesprochen anspruchsvolle und lawinengefährdete Touren, die sich nur gute Skibergsteiger bei günstigen Bedingungen vornehmen sollten. Schöne Südabfahrten bieten auch, weiter taleinwärts, Grünbergspitze (2790 m), Grafmartspitze (2720 m) und Sonnenspitze (2620 m). Auf der gegenüberliegenden Talseite finden wir die Hohe Warte (2398 m) und das Naviser Kreuzjöchl (2536 m), einen der beliebtesten Skigipfel der Tuxer Alpen. Der Anstieg zum Kreuzjöchl, aber auch zum Reckner (2866 m), wird durch eine Nächtigung auf der Naviser Hütte (1787 m) der Akademischen Sektion Innsbruck des ÖAV erleichtert. Natürlich ist von hier aus auch ein Übergang in die Wattener Lizum möglich.

Karten AV-Karte 31/5 (Innsbruck-Umgebung, mit Skirouten). Übersichtskarten: Freytag und Berndt WK 241 (Innsbruck, Stubai, Sellrain, Brenner) oder Kompass Nr. 36 (Innsbruck, Brenner).

Auskünfte und Zimmernachweis Fremdenverkehrsverband A 6143 Navis, Tel. 05278-408, Fax 420.

98 Mislsjoch (2298 m)
Rein südseitig und steil – bereits im Januar Firn, zumindest für Sonntagskinder

Touren-Steckbrief
Höhenunterschied: 900 Hm
Zeit: $2^1/_2$ Std.
Schwierigkeit: Leichte Skitour, klettertechnisch unschwierig. Kaum lawinengefährdet (bei vernünftiger Spurwahl). Abfahrt vorwiegend Süd.
Beste Jahreszeit: Dezember – März.

Das Mislsjoch ist die letzte deutlichere Erhebung im Rücken, der vom wesentlich höheren Mislskopf in Richtung Südwest zieht.

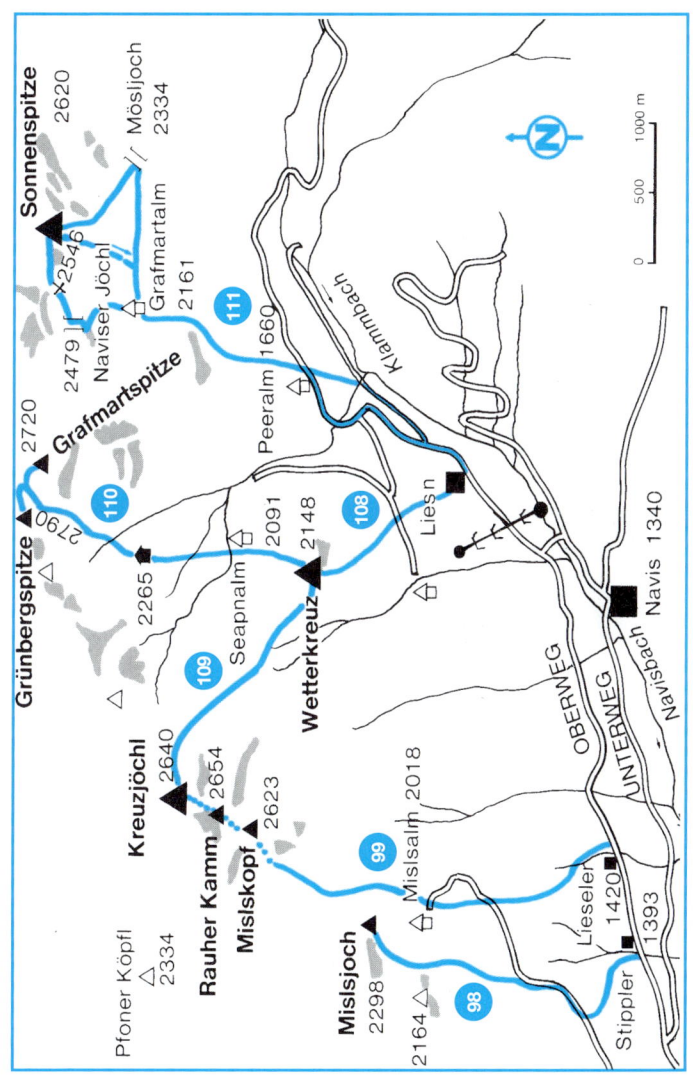

Von Matrei ins Navistal. Nach etwa 4 km verzweigt sich die Straße: die gut ausgebaute Fahrstraße nach Navis führt als „Unterweg" weiter, eine schmalere Straße zweigt nach links ab und leitet parallel, nur etwas höher im Hang, gleichfalls weiter ins Navistal hinein. Wir verfolgen diesen „Oberweg" noch etwa 1 km.

Beim „Stippler" (1393 m; kurz nach einer Brücke, kleine Kapelle) beginnt unser Anstieg. Auf einem Weg durch ein kurzes Waldstück in die Almregion und in unterschiedlicher Steilheit ziemlich unmittelbar auf den Gipfel.

 Mislskopf (2623 m)
Eindrucksvolle Erhebung über dem Navistal mit hervorragendem Blick auf die schwierigen schattseitigen Anstiege des Tales

Touren-Steckbrief
Höhenunterschied: 1200 Hm
Zeit: 3$^1/_2$ Std.
Schwierigkeit: Mittelschwere Skitour (zwei kurze Steilstufen), klettertechnisch unschwierig. Mitunter lawinengefährdet. Abfahrt vorwiegend Süd.
Beste Jahreszeit: Dezember – März.

Ins Navistal und von der Abzweigung des „Oberwegs" noch etwa 2 km bis zum „Lieseler" (etwa 1420 m).

Über Bauernwiesen und durch Waldschneisen zur Mislsalm (2018 m). In derselben Grundrichtung (Nord), rechts an der steilen Ostflanke des Mislsjoches vorbei, auf den Kamm und über ihn unschwierig auf den Gipfel. Der Anstieg ist bei einheimischen Tourengehern vor allem beliebt, weil auf Grund der Südlage bereits im Februar Firn erwartet werden kann. Gipfelsammler können zum unwesentlich höheren Rauhen Kamm (2654 m) und zum Kreuzjöchl (2640 m) weitersteigen. Vom Rauhen Kamm ist bei sicheren Verhältnissen eine unmittelbare Abfahrt zu den Mislsböden möglich.

Bärenkopf (1837 m) 100

Skiläuferisch nicht besonders lohnend, aber Ausweichmöglichkeit bei Lawinengefahr und/oder schlechter Sicht

Touren-Steckbrief
Höhenunterschied: 700 Hm
Zeit: 2 Std.
Schwierigkeit: Mittelschwere Skitour, klettertechnisch unschwierig. Kaum lawinengefährdet. Abfahrt vorwiegend Nordwest (weitgehend Forststraße).
Beste Jahreszeit: Dezember – Februar.

Von Matrei oder von Steinach (etwas weiter) und zum Ortsteil Tienzens (kleine Kirche, 1161 m). Auf einer Forststraße bis in eine Höhe von 1500 m. Richtung Südost durch Wald, später über eine Lichtung, dann neuerlich durch Wald, auf den unbedeutenden Gipfel.

Dieser Gipfel läßt sich vom Bären- **Schröflkogel (2153 m)** kopf über den verbindenden Rücken unschwierig erreichen. Es ist aber auch ein eigenständiger Anstieg möglich: Von Steinach zum Ortsteil Mauern. Nun auf einer Forststraße bis in eine Höhe von 2000 m und unschwierig weiter zum Gipfel.

Bendelstein (2436 m) Vom Schröflkogel kann man in einer schönen Kammwanderung unschwierig zum Bendelstein weitersteigen. Der Kamm ist allerdings mitunter stark verblasen.

103 Sunntiger (2400 m)

Schwieriger und lawinengefährdeter Anstieg im Navistal – für erfahrene Tourengeher bei sicheren Verhältnissen

Touren-Steckbrief

Höhenunterschied: 1200 Hm
Zeit: 3^1/$_2$ Std.
Schwierigkeit: Schwierige Skitour, klettertechnisch unschwierig. Häufig lawinengefährdet. Abfahrt vorwiegend Nordwest, Nord.
Beste Jahreszeit: Februar – April.

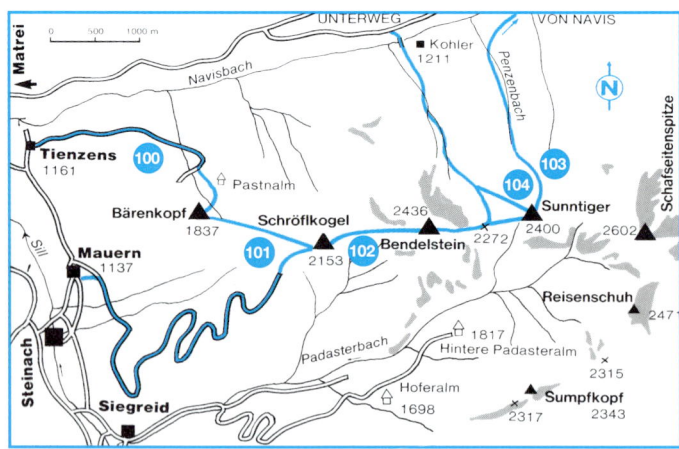

Auf der Straße nach Navis etwa 5 km weit ins Tal hinein. Auf der gegenüberliegenden Talseite sieht man eine steile Rinne, die den Anstiegsweg bildet. Auf einem Weg steigen wir in den Talgrund hinunter zum „Kohlerbauern" (1211 m). Über eine Brücke, dann durch die erwähnte Rinne, die anfangs sanft und breit, später teilweise steil und eng, zu einer weiten Mulde hinaufführt („Bendelgrube"), aus der man über abwechslungsreiches Gelände unschwierig zum Gipfel gelangt. Achtung: Rinne sehr lawinengefährdet, nur bei ganz sicheren Verhältnissen begehen bzw. befahren!

Bendelstein (2436 m) – aus dem Navistal

Wie beim Anstieg zum Sunntiger in die große, fast ebene Mulde. Nun aber Richtung West, zwischen eigenartigen Türmchen hindurch, unschwierig auf den Gipfel.

Ausgangspunkt: Navis

Nach Navis (1340 m) 8 km von Matrei. Gut ausgebaute, aber teilweise schmale Bergstraße.

Anmerkung Sunntiger und Bendelstein können auch von Navis aus bestiegen werden. Parkplatz bei der Kirche. Durch den Friedhof (!), auf einem Weg, dann auf einer Forststraße Richtung Südwest bis zum Tal des Penzenbaches. Dieses schluchtartig eingeschnittene Tal ziemlich steil hinauf zu einer auffallend großen, fast ebenen Mulde. Über herrliche Hänge geradewegs weiter zum Sunntiger oder, nach rechts querend, auf dem Kamm in Richtung West, unschwierig auf den Bendelstein. Der Sunntiger ist der schönere Skigipfel. Dieser Anstieg ist etwas sicherer als der unmittelbare vom Kohlerbauern, darf aber auch nicht unterschätzt werden.

105 Schafseitenspitze
(2602 m)

Ein schwieriger und lawinengefährdeter Skigipfel, der nicht unterschätzt werden darf

Touren-Steckbrief
Höhenunterschied: 1300 Hm
Zeit: 4 Std.
Schwierigkeit: Schwierige Skitour, klettertechnisch unschwierig. Mitunter lawinengefährdet. Abfahrt vorwiegend Nord, Ost.
Beste Jahreszeit: Januar – April.

Auf einem Fahrweg ins Weirichtal, dann aber nach rechts abbiegen zur Urbelesalm (1651 m, auch „Urbesalm"; im Sommer Jausenstation). Noch ein Stück weiter im Tal Richtung Süd, dann nach rechts abzweigen zum Stippleralm Hochleger (1999 m). Nun wieder Richtung Süd in eine Mulde, aus der man nach rechts einen Rücken gewinnt, über den man die Schafseitenspitze erreicht.

Hohe Warte
(2398 m)

Genußreiche Skitour über dem Bergdorf Navis

Touren-Steckbrief
Höhenunterschied: 1100 Hm
Zeit: 3¹/₂ Std.
Schwierigkeit: Mittelschwere Skitour,
klettertechnisch unschwierig. Mitunter lawinengefährdet.
Abfahrt vorwiegend Nord, Nordwest.
Beste Jahreszeit: Februar – April.

Man parkt am besten vor der neuen Kirche. Auf der Fahrstraße, einige Kehren abschneidend, ins Weirichtal. Flach taleinwärts zu einer auffallend großen Wiese. Nach rechts über einen schönen Hang Richtung Steixner Alm (1720 m). Auf einem Weg um den Bergrücken. Wenn man den schütteren Wald verläßt, sieht man links auf einer Kuppe die Möslalm (auch „Kupferbergalm", 2040 m). Schon vorher etwas rechts haltend durch herrliche Mulden auf die Einsattelung zwischen P. 2422 und der Hohen Warte zu. Von hier nach links zur Hohen Warte, nach rechts zu P. 2422 (oft mit der Hohen Warte verwechselt, häufiger besucht). – Eine Überschreitung: Bis zur Möslalm, dann links von der Hohen Warte aufsteigen, nach rechts über den Rücken zum Gipfel. Abfahrt wie vorhin beschrieben.

Schafseitenspitze (Nr. 105) – schwierig und lawinengefährdet. Der Anstieg führt aus dem schattigen Tal auf den besonnten Rücken und über diesen von rechts her zum Gipfel.

107 Naviser Kreuzjöchl (2536 m) über Kupferbergalm

Empfehlenswerte Überschreitung:
Aufstieg wie Nr. 112, Abfahrt auf dieser Route

Touren-Steckbrief
Höhenunterschied: 1200 Hm
Zeit: 4 Std.
Schwierigkeit: Mittelschwere Skitour, klettertechnisch unschwierig. Mitunter lawinengefährdet. Abfahrt vorwiegend Süd, West, Nordwest.
Beste Jahreszeit: Januar – April.

Von Navis in das Weirichtal und weiter zur Kupferbergalm (2040 m). Nach links queren, dann über den steilen Westhang zum Rücken, der vom Kreuzjöchl nach Süd zieht. Über diesen Rücken (meist abgeblasen) zuerst flach, dann steiler, auf den Gipfel.
Auf das Kreuzjöchl kommt man auch über die Weirichalm (im Sommer Jausenstation, Ende des Fahrweges) und den Oberleger (2096 m). Über schönes Skigelände auf den scharfen Grat, der vom Kreuzjöchl nach West zieht. Mit Ski auf den Gipfel.

Ausgangspunkt: Liesn (etwa 1500 m)

Von Matrei nach Navis. Im Ortskern nach links und weiter im Tal. Über eine Brücke den Klammbach queren, auf steiler Bergstraße bis zum Ende der für den allgemeinen Verkehr zugelassenen Straße („Liesn", Bauernhof, Kapelle, Parkplatz). Knappe 2 km von Navis, 10 km von Matrei am Brenner.

Wetterkreuz
(2148 m)
Kurze, sonnige Skitour: empfehlenswert für die Mitnahme von Anfängern oder Kindern

Touren-Steckbrief (Karte S. 141)
Höhenunterschied: 650 Hm
Zeit: 1 1/2 Std.
Schwierigkeit: Mittelschwere Skitour, klettertechnisch unschwierig. Mitunter lawinengefährdet. Abfahrt vorwiegend Süd.
Beste Jahreszeit: Dezember – März.

Unmittelbar vom Bauernhaus steigt man über schöne Hänge und durch Waldschneisen, erst im letzten Teil etwas steiler, zum Wetterkreuz auf. Das Wetterkreuz ist kein Gipfel im eigentlichen Sinne, sondern gewissermaßen der Endpunkt eines ebenen Geländeteils. Die Abfahrt über die fast hindernislosen Hänge ist genußvoll und weist kein einziges Flachstück auf.

Vom Wetterkreuz **Pfoner Kreuzjöchl (2640 m) – von Liesn**
Richtung Nordwest im Wechsel zwischen fast ebenen Mulden und kurzen steileren Stufen zu dem Rücken, der vom Kreuzjöchl nach Ost zieht. Über ihn auf den Gipfel.

110 Grünbergspitze
(2790 m)

Dieser Anstieg auf den bedeutenden Gipfel ist skiläuferisch schöner als der aus dem Arztal

> **Touren-Steckbrief** (Karte S. 141)
> **Höhenunterschied:** 1350 Hm
> **Zeit:** 4 Std.
> **Schwierigkeit:** Mittelschwere Skitour, klettertechnisch unschwierig. Mitunter lawinengefährdet. Abfahrt vorwiegend Süd.
> **Beste Jahreszeit:** Dezember – April.

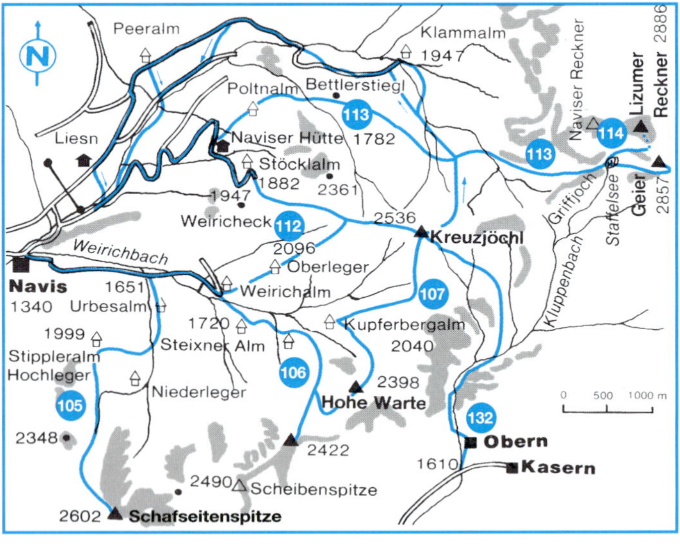

Von Liesn zum Wetterkreuz (2148 m). Mit leichtem Höhenverlust zur Seapnalm (2091 m). Über einen Rücken zur Ochsnerhütte (2265 m). Weiter in abwechslungsreichem Gelände zu der Einsattelung zwischen Grünbergspitze und Grafmartspitze. Von hier unschwierig auf den Gipfel.

Gipfelsammler können von der erwähnten Einsattelung auch die Grafmartspitze (2720 m) ersteigen.

Sonnenspitze
(2620 m)

„Naviser" Sonnenspitze zur Unterscheidung von den benachbarten gleichnamigen Gipfeln, der Mölser und der Lizumer Sonnenspitze. Herrliche unmittelbare Südabfahrt vom Gipfel!

Touren-Steckbrief (Karte S. 141)
Höhenunterschied: 1150 Hm
Zeit: $3^{1}/_{2}$ Std.
Schwierigkeit: Schwierige Skitour, klettertechnisch unschwierig. Mitunter lawinengefährdet. Abfahrt vorwiegend Süd.
Beste Jahreszeit: Dezember – April.

Von Liesn auf einem Fahrweg zur Peeralm (etwa 1660 m, Jausenstation). Richtung Nord, einer Steilstufe bei 2000 m nach rechts ausweichend, zur Grafmartalm (2161 m). Weiter in der Grundrichtung Nord zum Naviser Jöchl (2479 m). Ein kurzer Steilaufschwung führt auf einen Vorgipfel (2546 m), dann geht es ohne Schwierigkeiten weiter zum Hauptgipfel.

Variante Von der Grafmartalm (2161 m) Richtung Ost zuerst flach, dann steil ansteigend auf das Mösljoch (2334 m) und über den Südostrücken steil, aber unschwierig zum Gipfel.
Gute Skiläufer können bei sicheren Verhältnissen unmittelbar über die steile Südflanke abfahren.

Ausgangspunkt: Naviser Hütte ÖAV (1782 m)

Schöner Neubau, ganzjährig bewirtschaftet.
In Navis fährt man durch den Ort und im Tal weiter bis kurz vor die Schranke, der den „Schranzbergweg" (beliebte Rodelbahn) absperrt. Parkplatz. Über diesen Weg (Abkürzungen möglich) in 1 1/2 Stunden zur Hütte. Um diese Zeit verlängern sich natürlich die Anstiege, wenn man von Navis aus aufsteigt.

112 Naviser Kreuzjöchl (2536 m)

Beliebter Skigipfel, besonders empfehlenswert mit Abfahrt über die Klammalm

Touren-Steckbrief

Höhenunterschied: 750 Hm
Zeit: 2 1/2 Std.
Schwierigkeit: Mittelschwere Skitour, klettertechnisch unschwierig. Mitunter lawinengefährdet. Abfahrt vorwiegend Nordwest.
Beste Jahreszeit: Januar – April.

Von der Naviser Hütte auf einem Almweg zur Stöcklalm (1882 m). Weiter über hindernislose Hänge, bis man in etwa

2000 m Höhe nach rechts zu einem Rücken („Weiricheck") hinaufsteigen kann. Der anfänglich breite Rücken wird allmählich schmäler, ist aber bis zum Gipfel gut begehbar.

Empfehlung für die Abfahrt Um der Rodelbahn ab der Naviser Hütte zu entgehen, folgt man dem Kamm kurz Richtung Ost und fährt über herrliches Skigelände zur Klammalm (1947 m) oder etwas westlicher zum Klammbach ab. Über eine Brücke auf die rechte Talseite. Auf einem Almweg mit etwas Gegensteigung, bis man über freie Hänge wieder zum Klammbach abfahren kann, den man wenig später neuerlich überquert und zum Parkplatz hinausfährt.

Geier (2857 m)   113

Landschaftlich schöner Anstieg mit einer „heiklen" Schlüsselstelle (Griffjoch)

Touren-Steckbrief

Höhenunterschied: 1100 Hm
Zeit: $3^{1}/_{2}$ Std.Std.
Schwierigkeit: Mittelschwere Skitour, klettertechnisch unschwierig. Mitunter lawinengefährdet. Abfahrt vorwiegend West.
Beste Jahreszeit: Dezember – April.

Von der Naviser Hütte in der Grundrichtung Ost, mehrere ausgeprägte Mulden ausgehend, über Poltnalm und Bettlerstiegl in die Innere Knappenkuchl. Über zwei Steilstufen zum Griffjoch. In einer bei Hartschnee recht unangenehmen Querung zum Staffelsee. Über einen schönen Westhang etwas nach rechts ausholend auf den Gipfel.

Lizumer Reckner (2886 m) Wie beim Anstieg zum Geier bis zum Staffelsee. Hier hält man sich links und erreicht die Einsattelung zwischen Geier und Lizumer Reckner. Skidepot. Der Anstieg wird durch Seilversicherungen erleichtert.

Tourenbereich St. Jodok am Brenner – Valser Tal, Schmirntal

St. Jodok am Brenner (1129 m) erreicht man über die Bundesstraße oder die Autobahn (Abfahrt Matrei-Steinach) in 31 km von Innsbruck. Kurz nach St. Jodok verzweigt sich das Tal. Der rechte Ast ist das Valser Tal und führt in 7 km nach Innervals (Gasthof „Touristenrast", 1345 m); der linke Ast ist das etwas längere Schmirntal, in das man 10 km weit bis nach Kasern (1625 m) hineinfahren kann.

Die Tourenmöglichkeiten sind vielfältig und reichen von der leichten Familientour im Hochwinter (z.B. Vennspitze) bis zu höchst anspruchsvollen Anstiegen, die erst im Frühjahr unternommen werden können (z.B. Olperer). Im einzelnen werden aus dem Valser Tal bestiegen: der Padauner Kogel (2066 m) über eine ziemlich steile Südostflanke, gemütlich der Padauner Berg (2228 m) und die Vennspitze (2390 m).

Mühevoller und steiler geht es beim Roßgrubenkofel (2450 m) zu, ebenso beim Anstieg zur Saxalmwand (2630 m). Südseitig ist auf den steilen, felsdurchsetzten Hängen nicht viel zu holen. Erst im Talschluß bietet sich die Möglichkeit, zur Geraer Hütte (2326 m) aufzusteigen, von der aus man den Olperer (3476 m) besteigen kann, eine der eindrucksvollsten Berggestalten der Zillertaler Alpen.

Noch ergiebiger fällt das Tourenangebot im Schmirntal aus. Schattseitig sind Leiten (2079 m) und Ottenspitze (2179 m) als leichte Familientouren beliebt. Länger und skitechnisch anspruchsvoller sind Rippenspitze (2461 m), Gammerspitze (2537 m), leichter wiederum Rauher Kopf (2150 m) und Hoher Napf (2247 m). Eine kurze, aber skiläuferisch sehr schöne Unternehmung ist der Jochgrubenkopf (2453 m). Die Südhänge sind weniger skifreundlich. Hochgeneiner Jöchl (1981 m) und Sumpfkopf (2343 m) am Beginn des Tales sind hübsche kurze Anstiege, die jedoch schnell ausapern. Die Zugänge zu den herrlichen Mulden, durch die man die Scheibenspitze (2490 m) und das Kreuzjöchl (2536 m) erreicht, führen durch unangenehme Bachschluchten. Eine Sonderstellung nehmen Kleiner Kaserer (3093 m) und Großer Kaserer (3263 m) über die Höllscharte ein, überaus anspruchsvolle Unternehmungen, die guten Skibergsteigern vorbehalten sind. Dasselbe gilt für den Olperer (3476 m) durch das Wildlahnertal und über die gleichnamige Scharte.

Karten AV-Karte 31/5 (Innsbruck-Umgebung, mit Skirouten). Für einen kleinen Teil der Anstiege kann die AV-Karte 35/1 (Zillertaler Alpen, Westliches Blatt) verwendet werden. Übersichtskarten: Freytag und Berndt WK 241 (Innsbruck, Stubai, Sellrain, Brenner) oder Kompass Nr. 36 (Innsbruck-Brenner).

Auskünfte und Zimmernachweis Fremdenverkehrsverband A 6154 St. Jodok-Schmirn, Tel. 0 52 79-52 04, Fax 52 04.

Ausgangspunkt: Valser Tal

Bei der Straßenverzweigung nach St. Jodok am Brenner (1129 m) nach rechts. 7 km nach Innervals (Gasthof „Touristenrast", 1345 m).

115 Padauner Kogel

(2066 m) Kurze Skitour, die bereits oberhalb der Waldgrenze beginnt

Touren-Steckbrief

Höhenunterschied: 500 Hm
Zeit: 1 1/2 Std.
Schwierigkeit: Schwierige Skitour, klettertechnisch unschwierig. Mitunter lawinengefährdet. Abfahrt vorwiegend Süd, Südost.
Beste Jahreszeit: Dezember – März.

Von St. Jodok ins Valser Tal. Nach 3 km zweigt nach rechts ein Fahrweg ab, der zum Gasthaus Steckholzer auf dem Padauner

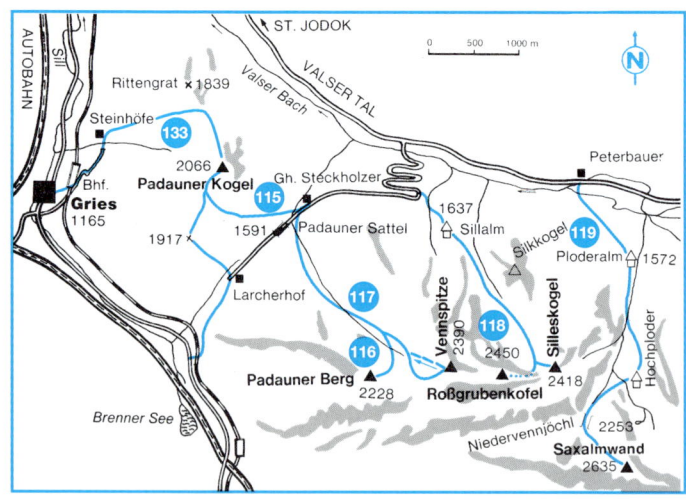

Sattel (1591 m) führt (zu Fuß 1 Std.). Die Straße darf befahren werden, häufig Schneeketten erforderlich. Ein Fußweg führt etwa 500 m vor der Abzweigung steil durch den Wald. Er ist weder für den Aufstieg noch für die Abfahrt zu empfehlen. Vom Steckholzer quert man die flache Mulde und steigt dann über teilweise steiles Gelände zu dem Rücken auf, der vom Padauner Kogel nach Süd zieht und den man vor dem letzten Gipfelaufschwung erreicht. Unschwierig weiter zum Gipfelkreuz.

Padauner Berg 116

(2228 m) Etwas länger und anspruchsvoller als zum Padauner Kogel

Touren-Steckbrief

Höhenunterschied: 650 Hm
Zeit: 2 Std.
Schwierigkeit: Mittelschwere Skitour, klettertechnisch unschwierig. Mitunter lawinengefährdet. Abfahrt vorwiegend Nord, Nordwest.
Beste Jahreszeit: Dezember – März.

Vom Gasthaus Steckholzer Richtung Südost über Wiesen, durch lichten Wald und eine breite Waldschneise ins freie Almgelände. In der Talmulde geht man bis in eine Höhe von 2100 m. Hier zweigt man nach rechts ab und steigt in einer Mulde Richtung Süd zu P. 2195 der ÖK und in wenigen Minuten weiter zum Gipfel auf.

117 Vennspitze

(2390 m) Einer der beliebtesten Gipfel der Innsbrucker Tourengeher

Touren-Steckbrief

Höhenunterschied: 850 Hm
Zeit: 2½ Std.
Schwierigkeit: Leichte Skitour, klettertechnisch unschwierig. Kaum lawinengefährdet (bei vernünftiger Spurwahl). Abfahrt vorwiegend Nordwest.
Beste Jahreszeit: Dezember – April.

Vom Gasthof Steckholzer Richtung Südost rechts vom Padaunerbach gemütlich bis zu einer ersten steileren Stufe bei 2100 m. In einem Becken sanft ansteigend, dann rechts halten und in einer kurzen Steilstufe zum Westrücken. Über den oft abgeblasenen Rücken auf den Gipfel, von dem man unmittelbar in die erwähnte Mulde abfahren kann.

118 Silleskogel (2418 m)

Ungleich weniger bestiegen als die Vennspitze, Abfahrt durch eine prachtvolle Nordmulde

Touren-Steckbrief

Höhenunterschied: 950 Hm
Zeit: 3 Std.

> **Touren-Steckbrief (Fortsetzung)**
> **Schwierigkeit:** Schwierige Skitour, klettertechnisch unschwierig. Häufig lawinengefährdet. Abfahrt vorwiegend Nord.
> **Beste Jahreszeit:** Februar – April.

Auf dem Fahrweg zum Gasthof Steckholzer bis zur letzten (fünften) ausgeprägten Kehre (etwa 1480 m). Dem Verlauf eines Sommerweges nach steil durch den Wald, erst Richtung Süd ansteigend, dann Richtung Südost querend, zur Sillalm (1637 m). Zwischen dem etwas felsigen Rücken, der vom Roßgrubenkofel herabzieht, und dem Silkkogel in wechselnder Steilheit in die Mulde der Rossgruben. Weiter steil zum Westrücken und über diesen auf den Gipfel.
In etwas längerer Zeit auch zum benachbarten Roßgrubenkofel (2450 m). Nicht mit Ski ersteigbar, abgewehter oder verwächteter Felsgrat.

Saxalmwand   119
(2630 m) Anspruchsvolle, lange und häufig lawinengefährdete Skitour. Nur für erfahrene Tourengeher bei günstigen Bedingungen

> **Touren-Steckbrief**
> **Höhenunterschied:** 1350 Hm
> **Zeit:** 4 Std.
> **Schwierigkeit:**
> Schwierige Skitour, klettertechnisch unschwierig. Häufig lawinengefährdet. Abfahrt vorwiegend Nord.
> **Beste Jahreszeit:** Februar – April.

Von St. Jodok 8 km weit ins Valser Tal, zum „Peterbauer" bei einer Straßenbrücke.
Über den Bach und in Richtung Südost zur Ploderalm (1572 m) aufsteigen. Nach links ausholend über eine Steilstufe zum „Hochploder". Richtung Südwest durch eine ausgeprägte Mulde zum Niedervennjöchl (2253 m) und über einen Rücken steil zur Saxalmwand.

Olperer (3476 m)

Auf diesem Weg eine Skitour für die „Spitzenklasse" unter den Skibergsteigern

Touren-Steckbrief (Karte S. 169)
Höhenunterschied: 2100 Hm
Zeit: 7 Std.
Schwierigkeit: Mittelschwere Skitour, ab Skidepot Kletterei (II). Mitunter lawinengefährdet. Abfahrt vorwiegend West, Südwest. Ab der Alterer Alm ist der Anstieg auf der AV-Karte 31/1 (Zillertaler Alpen, Westliches Blatt) enthalten.
Beste Jahreszeit: April – Juni.

Im Valser Tal bis zum Ende der Fahrstraße beim Gasthaus Touristenrast (1345 m).
Vom Gasthaus auf einem Fahrweg (Fahrverbot) zur Alterer Alm (1602 m) und weiter bis zur Talstation einer Materialseilbahn. Hinweisschild „Geraer Hütte".

Blick vom Olperer (Nr. 120) auf den Schlegeisstausee.

Wir folgen dem Verlauf des Sommerweges steil zur Ochsner Hütte und weiter zur Geraer Hütte (2326 m) DAV. Ab Mitte Juni bewirtschaftet. Winterraum mit 12 Lagern stets offen. Eine Nächtigung verkürzt den langen Anstieg zum Gipfel um etwa 3 Stunden.

Von der Hütte nach links auf einen Rücken, den man bis zum Beginn des Wildlahnergrates verfolgt. Hier betritt man den Olpererferner und steigt (rechts, südlich vom Wildlahnergrat) zur Wildlahnerscharte (3220 m) auf. Skidepot. Über den Nordgrat zum Gipfel. Die glatten Platten sind nicht besonders schwierig (einige Sicherungsstifte). Bei Vereisung heikel. Zuletzt über unschwierige Blöcke zum Gipfel.

Bei der Abfahrt kann man sich bei einer Gedenktafel oder auch schon vorher rechts halten und unmittelbar zur Ochsner Hütte abfahren. Dieser Weg ist natürlich auch für den Aufstieg zu wählen, wenn man den Olperer ohne Nächtigung besteigen möchte.

Ausgangspunkt: Schmirntal

Bei der Abzweigung nach St. Jodok (1129 m) nach links. 10 km bis zum Ende der Fahrstraße in Kasern (1625 m).

121 Valser Leiten (2079 m)

Kurze und kaum lawinengefährdete Skitour für den Frühwinter

Touren-Steckbrief
Höhenunterschied: 650 Hm
Zeit: 2 Std.
Schwierigkeit: Mittelschwere Skitour, klettertechnisch unschwierig. Kaum lawinengefährdet. Abfahrt Nordwest.
Beste Jahreszeit: Dezember – März.

Von St. Jodok zur Abzweigung Schmirntal. Nach zwei Kehren etwa 1 km den Hang entlang, dann neuerlich eine Doppelkehre. Wenig später zweigt nach rechts ein Fahrweg zu einem Bauernhof ab. Eingeschränkte Parkmöglichkeit.
Wir steigen durch lichten Wald und schöne Schneisen auf, zuletzt über freies Gelände in der Grundrichtung Südost.

122

Ottenpitze (2179 m) (auch „Ultenspitze") Wie beim Anstieg zur Leiten bis zur Waldgrenze. Hier hält man sich links und steigt unschwierig zur Ottenspitze auf. Übergang über den mitunter verwächteten Grat zur Rippenspitze oder zur Gammerspitze möglich.

Gammerspitze
(2537 m)

Abfahrt durch eine herrliche „Pulver-Mulde", die sich im unteren Teil verengt, aber gut befahrbar bleibt

Touren-Steckbrief

Höhenunterschied: 1150 Hm
Zeit: 3^1/$_2$ Std.
Schwierigkeit: Schwierige Skitour, klettertechnisch unschwierig. Häufig lawinengefährdet. Abfahrt vorwiegend Nordnordwest.
Beste Jahreszeit: Februar – April.

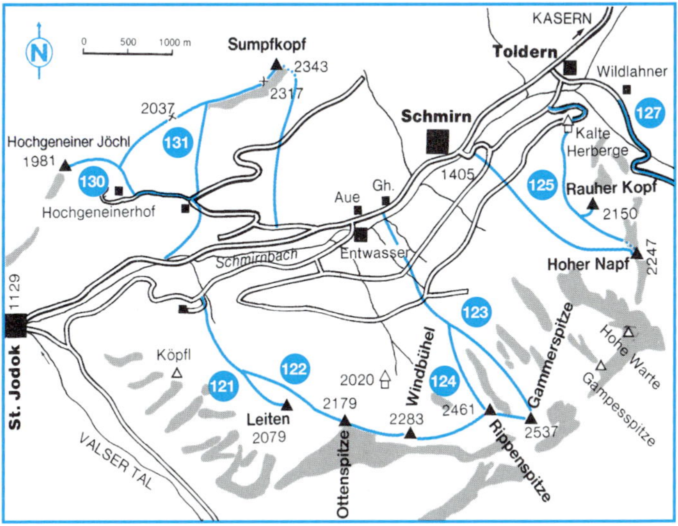

Von St. Jodok in das Schmirntal bis zum Gasthof Jennewein (etwa 6 km).

Von der Straße zum Bach hinunter und über eine Brücke. Der Weiterweg führt schnurgerade durch eine Lawinenrinne Richtung Südsüdost zum Gipfel. Die Abfahrt ist bei guten und sicheren Schneeverhältnissen sehr genußvoll.

124 Rippenpitze (2461 m)

Auf dem Anstieg zur Gammerspitze bis in eine Höhe von etwa 1900 m. Hier hält man nach rechts auf einen Rücken zu, der vom Rippenspitz nach Nord zieht (links von Felsen begrenzt). Steil auf diesen Rücken, etwas sanfter weiter zum Gipfel.

125 Hoher Napf (2247 m)
Hübsche Skitour mit anspruchsvoller Abfahrtsvariante

Touren-Steckbrief
Höhenunterschied: 850 Hm
Zeit: $2^{1}/_{2}$ Std.
Schwierigkeit: Mittelschwere Skitour, klettertechnisch unschwierig. Mitunter lawinengefährdet. Abfahrt vorwiegend Nordwest.
Beste Jahreszeit: Dezember – April.

Im Schmirntal bis zur Kirche von Schmirn (1405 m), etwa 1 km nach dem Gasthof Jennewein. Kurz talein, dann über eine Brücke (Wegtafeln „Zur Siedlung", „Kalte Herberge") und auf einer Fahrstraße bis zu den letzten Häusern.

Auf einem Fahrweg (Fahrverbot, im Winter Rodelbahn) zu einer kleinen Kapelle auf einer Lichtung. Durch lichten Wald Richtung Süd in baumfreies Gelände und in eine Mulde rechts vom Rauhen Kopf. Diesen Vorgipfel kann man unschwierig „mitnehmen". Am Rauhen Kopf vorbei in eine auffallend ebene Mulde. Über einen steilen Hang zu einem schmalen Firnrücken, der auf den Gipfel führt (die letzten Meter zu Fuß).

Variante, Anstieg und Abfahrt Nach der Abzweigung „Siedlung", gleich nach der Brücke, erst über Wiesen, dann durch Waldschneisen in die erwähnte Mulde.

Jochgrubenkopf 126
(2453 m)

Beliebter Skigipfel mit „Tuchfühlung" zum mächtigen Olperer

Touren-Steckbrief
Höhenunterschied: 850 Hm
Zeit: 2 Std.
Schwierigkeit: Schwierige Skitour, klettertechnisch unschwierig. Mitunter lawinengefährdet. Abfahrt vorwiegend Nord.
Beste Jahreszeit: Dezember – April.

Von St. Jodok durch das Schmirntal bis zum Weiler Toldern in Innerschmirn (1453 m), 7 km. Beschränkte Parkmöglichkeit. Wendeplatz des Busses freihalten. Richtung Süd über eine Wiese zum Kaserer Bach. Über den Bach und steil durch den lichten Wald zur Seealm. Nunmehr im freien Gelände in wechselnder Steilheit auf den steilen und schneebrettgefährdeten Gipfelhang zu, den man entweder nach links (meist günstiger) oder nach rechts ausholend überwindet.

127 Kleiner Kaserer

(3093 m) Unbedeutender Gipfel mit einem eindrucksvollen, langen und schwierigen Anstieg

> **Touren-Steckbrief**
> **Höhenunterschied:** 1650 Hm
> **Zeit:** 5 Std.
> **Schwierigkeit:** Schwierige Skitour, ab Skidepot mäßig schwierige Kletterei. Häufig lawinengefährdet.
> Abfahrt vorwiegend West, Nordwest.
> **Beste Jahreszeit:** April – Juni.

Von St. Jodok nach Innerschmirn bis kurz vor Toldern (1453 m). Hier zweigt das Wildlahner Tal nach rechts ab (Hinweisschild „Steinernes Lamm – Geraer Hütte"). Die Straße ist noch ein gutes Stück befahrbar (2 km), wobei allerdings zwei Gatter zu öffnen und zu schließen sind. (Spät im Jahr könnte man weiter hinauffahren, doch Fahrverbot, Schranken.)

Auf der rechten Hangseite (im Aufstiegssinne) auf einem Forstweg, teilweise schöne Lichtungen, bis zum Talschluß. Über zwei Steilstufen weiter zum „Wetterkreuz" (knapp über 2400 m). Nun entweder nach links und neben den Felsen des Westgrates des Kleinen Kaserers in einer steilen Mulde zur Höllscharte oder nach rechts ausholend (etwas weniger steil). In der Höllscharte (2991 m) Skidepot. In halbstündiger leichter Kletterei über den Südgrat zum Kleinen Kaserer. Noch leichter kann man von der Höllscharte über einen Firnrücken den Großen Kaserer (3263 m) erreichen. Man gerät dabei allerdings in den Skizirkus von Hintertux (Bergstationen von zwei Schleppliften).

Auf dem Jochgrubenkopf (Nr. 126). Im Hintergrund Olperer und Fußstein.

Olperer (3476 m) 128

**Längste und schwierigste Abfahrt dieses Buches.
Prüfstein für ausgezeichnete Skibergsteiger**

Touren-Steckbrief

Höhenunterschied: 2050 Hm
Zeit: 6$^{1}/_{2}$ Std.
Schwierigkeit: Schwierige Skitour, ab Skidepot
mäßig schwierige Kletterei. Häufig lawinengefährdet.
Abfahrt vorwiegend West, Nordwest.
Beste Jahreszeit: April – Juni.

Wie beim Anstieg zum Kaserer zum „Wetterkreuz" (etwas über 2400 m). Nun Richtung Südwest zum Olperer Ferner aufsteigen. Rechts (südlich) neben dem Wildlahnergrat zur Wildlahnerscharte (3220 m) – Gletscherskigebiet von Hintertux! Hier oder etwas später Skidepot. Über den mäßig schwierigen Nordgrat, der durch Stifte und Klammern versichert ist, zuletzt über unschwierige Blöcke auf den eindrucksvollen Gipfel. Bei Vereisung heikel (glatte Platten).

129 Kleiner Kaserer (3093 m) — aus dem Kaserer Winkel
Herausforderung für gute Skiläufer unter den Skibergsteigern

Touren-Steckbrief
Höhenunterschied: 1500 Hm
Zeit: 4¹/₂ Std.
Schwierigkeit: Skitechnisch sehr schwierig, ab Skidepot Kletterei (I). Häufig lawinengefährdet. Abfahrt vorwiegend Nord, Nordwest.
Beste Jahreszeit: Mai und Juni.

Von St. Jodok durch das Schmirntal bis zum Wirtshaus Kasern (1625 m). Parkplatz.
Weiter zum Talschluß. Hier sieht man eine tief eingeschnittene Schlucht, durch die der Abfluß vom Kaserer Ferner erfolgt. Rechts neben dieser Schlucht bis in eine Höhe von 2100 m. Unterhalb eines sperrenden Felsriegels nach links queren, bis nahe zur Schlucht. Oberhalb der Felsen wieder nach rechts zu einem Rücken, der in die große Mulde führt (kleiner Gletscher). Die Fortsetzung des Anstieges über den Kaserer Ferner ist dann nur mehr sehr steil (knappe 40°), aber unschwierig. Im obersten Teil, etwa in einer Höhe von 2900 m, ist es günstiger, etwas nach rechts zu queren und den Gipfel über den letzten Teil des West-Grates zu erreichen. Der unmittelbare Anstieg zum Gipfel erreicht 45°.
Ist die Steilstufe oberhalb von 2100 m schlecht gangbar, gibt es eine Ausweichmöglichkeit: Nach rechts durch die „Tote Grube" in die „Kleegrube" queren und Richtung Süd zur Kleegrubenscharte (2498 m) aufsteigen. In der Westflanke steil, aber unschwierig zu P. 2875 der AV-Karte. Über den Westgrat kurz in leichter Kletterei, dann unschwierig über Firn zum Gipfel.

Hochgeneiner Jöchl (1981 m)

Geeignet für Kinder mit guter Skitechnik – kurzer Anstieg für eine lange Abfahrt

Touren-Steckbrief (Karte S. 163)
Höhenunterschied: 800 Hm
Zeit: 2½ Std.
Schwierigkeit: Mittelschwere Skitour, klettertechnisch unschwierig. Mitunter lawinengefährdet. Abfahrt vorwiegend Süd, Südwest.
Beste Jahreszeit: Dezember – März.

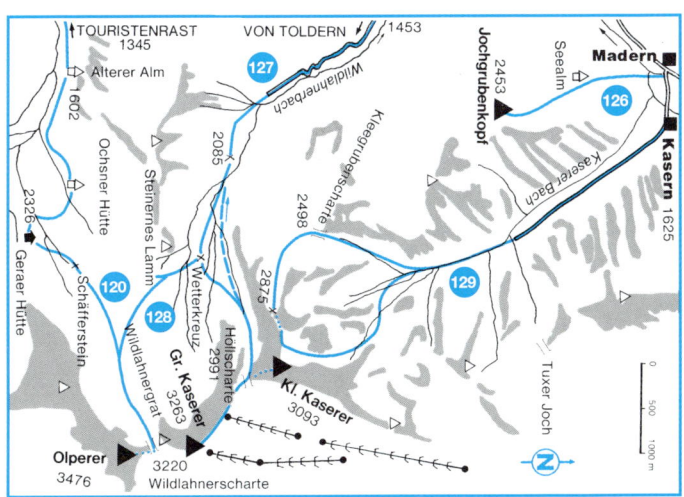

Von St. Jodok über die Brücke und zum Bahnhof. Von hier führt ein Waldweg steil zum Hochgeneiner Hof (1639 m). Dieser Weg ist für die Abfahrt nicht geeignet. Zum Hochgeneiner Hof auch mit PKW auf schmaler Bergstraße (Hinweisschild bei der Abzweigung „Jausenstation Edelrauthe") – Anstiegsverkürzung für Kinder. Über einen schönen Südhang auf den Kamm und nach links in wenigen Minuten zum Hochgeneiner Jöchl, der letzten Erhebung im Kamm, der von der Schafseitenspitze herabzieht. Bei der Abfahrt ist es günstig, vom Hochgeneinerhof neben einer Fahrstraße Richtung Ost zum Gehöft „Kaserlen" und dann erst über weniger steile und freie Hänge in den Talboden abzufahren.

131 Sumpfkopf (2343 m)

Rassige Südabfahrt, auf der man mitunter im Dezember Firn vorfindet

Touren-Steckbrief (Karte S. 163)
Höhenunterschied: 1200 Hm
Zeit: 3^1/$_2$ Std.
Schwierigkeit: Mittelschwere Skitour, klettertechnisch unschwierig. Mitunter lawinengefährdet. Abfahrt vorwiegend West – Süd.
Beste Jahreszeit: Dezember – März.

Wie beim Anstieg zum Hochgeneiner Jöchl auf den Kamm. Über den breiten Rücken, der erst im letzten Teil steiler wird, ohne Schwierigkeiten auf den Gipfel.
Bei der Abfahrt kann man bereits am Ende des Steilstückes (vorher Felsen) in einer Höhe von 2100 m in die Südhänge einfahren.

Variante bei günstigen Verhältnissen Rasanter Anstieg unmittelbar von Süd, Aufstieg zum Gipfel durch eine steile Rinne.

Kreuzjöchl (2536 m) – aus dem Schmirntal

Mit Sicherheit nicht überlaufener Anstieg für hervorragende Tourengeher, die das Außergewöhnliche suchen

Touren-Steckbrief (Karte S. 150)
Höhenunterschied: 950 Hm
Zeit: 3 Std.
Schwierigkeit: Schwierige Skitour,
klettertechnisch unschwierig. Häufig lawinengefährdet.
Abfahrt vorwiegend Südost, Süd.
Beste Jahreszeit: Februar – April.

Von St. Jodok durch das Schmirntal nach Kasern (1610 m). Vom Parkplatz (Wendeplatz des Busses nicht verparken!) Richtung Nord in die Schlucht des Kluppenbaches. Mühsam und heikel durch die Schlucht, dann etwas links haltend über einen Rücken in eine steile Mulde und ziemlich unmittelbar zum Gipfel.

Tourenbereich Gries am Brenner

Gries am Brenner (1165 m) ist der letzte Ort im Nordtiroler Wipptal vor der Brennergrenze, 33 km von Innsbruck.
Keine Autobahn-Abfahrt – die Autobahn führt auf einer Hangbrücke hoch über dem Dorf vorbei. Wer auf der Autobahn anreist, muß sie daher bereits bei der Abfahrt Matrei-Steinach

verlassen. Unmittelbar von Gries besteigt man den Padauner Kogel (2066 m), eine bei Einheimischen recht beliebte Früh- und Hochwintertour. Auch Padauner Berg (2228 m) und Vennspitze (2390 m) lassen sich von Gries aus besteigen, doch ist der Zugang aus dem Valser Tal günstiger. Lang und anspruchsvoll sind die Anstiege aus dem Venntal und dem obersten Griesbergtal: Saxalmwand (2630 m), Kraxentrager (2999 m), Wildseespitze (2733 m) und Wolfendorn (2776 m).

Karten AV-Karte 31/3 (Brennergebiet). Übersichtskarten: Freytag und Berndt WK 241 (Innsbruck, Stubai, Sellrain, Brenner) oder Kompass Nr. 36 (Innsbruck-Brenner) bzw. (für die südlichsten Anstiege) Nr. 44 (Sterzing).

Auskünfte und Zimmernachweis Fremdenverkehrsverein A 6156 Gries am Brenner, Tel. 0 52 74-8 72 54, Fax 8 72 54.

133 Padauner Kogel
(2066 m)
Genußreiche Skitour für den Frühwinter

Touren-Steckbrief (Karte S. 156)
Höhenunterschied: 900 Hm
Zeit: $2^{1}/_{2}$ Std.
Schwierigkeit: Leichte Skitour, klettertechnisch unschwierig. Mitunter lawinengefährdet. Abfahrt vorwiegend Nord, West.
Beste Jahreszeit: Dezember – März.

Von der Kirche in Gries am Brenner zum Bahnhof (Hinweisschilder). Man überquert die Gleise und folgt einem Weg zu den Steinhöfen. Über Wiesen und durch lichten Wald zu dem Rücken, der vom Padauner Kogel nach Nord zieht. Dabei ist auf eine Aufforstung zu achten, die den früher üblichen Anstieg verändert und zu einer Umgehung zwingt. Den Rücken erreicht man beim Rittengrat (1839 m) oder auch etwas südlicher. Weiter bis dicht unter den Gipfel. Skidepot. Über einige unschwierige Blöcke in wenigen Minuten zum Gipfelkreuz.

Überschreitung Der Aufstieg beginnt etwa 2 km von Gries in Richtung Brenner. Eine steile Schlucht umgeht man auf einem Fußweg rechts und kommt oberhalb der Steilstufe zum Larcherhof. Nun ziemlich steil Richtung Nordwest zu dem Rücken, der vom Padauner Kogel nach Süd zieht, und den man etwa bei P. 1917 erreicht. Über diesen Rücken auf den Gipfel. Für die Abfahrt ist dieser Weg weniger geeignet.

Anmerkung Mit dem Larcherhof hat man bereits annähernd die Höhe des Padauner Sattels (1591 m) erreicht, von dem man zum Padauner Berg (2228 m) und zur Vennspitze (2390 m) aufsteigen kann. Empfehlenswerter ist der Anstieg bzw. die Auffahrt aus dem Valser Tal.

Kraxentrager 134
(2999 m) Lange und schwierige Skitour
mit einer „zerschnittenen" Schutzhütte vor dem Gipfelsturm

Touren-Steckbrief
Höhenunterschied: 1700 Hm
Zeit: 6 Std.
Schwierigkeit: Schwierige Skitour, ab Skidepot Kletterei (I). Häufig lawinengefährdet. Abfahrt vorwiegend Nordwest.
Beste Jahreszeit: Februar – Mai.

Von Gries 4 km in Richtung Brenner. Gleich nach dem Bahnhof Brennersee (oberhalb der Straße) links abzweigen. Durch eine Bahnunterführung zu einer Weggabelung. Wir halten uns links (Wegtafel „Kraxentrager"). Der Fahrweg ins Venntal, der hier beginnt, ist eine Privatstraße. Wir folgen diesem Fahrweg bis zu den Almen von Venn (1458 m). Etwa 500 m vor dem Talschluß rechts abzweigen. Oberhalb der Waldgrenze dem Verlauf des Sommerweges folgend weiter, zuletzt von Ost zu dem Gratrücken, auf dem die Landshuter Hütte (2693 m) DAV steht. Sommerbewirtschaftung, Winterraum stets offen. Nach einer kleinen Klettereinlage (Ski mittragen) kann man die Ski noch einmal anschnallen und über eine steile Flanke zum Gipfel aufsteigen.

135 Wildseespitze
(2733 m)
Auf steilen Wegen zu einem einsamen Gipfel

Touren-Steckbrief
Höhenunterschied: 1400 Hm
Zeit: 4 Std.
Schwierigkeit: Schwierige Skitour, häufig lawinengefährdet. Abfahrt vorwiegend West, Nordwest.
Beste Jahreszeit: Februar – Mai.

Von Gries bis knapp vor die Brennergrenze (etwa 5 km, Gasthaus Kerschbaumer).
Auf einem Forstweg zur Griesbergalm (1953 m). Richtung Ostsüdost zum kleinen Wildsee (2450 m). Der Gipfel schirmt sich links und rechts mit Felsen ab. Man versucht, entweder zum Nordwestgrat oder (meist günstiger) zum Südwestgrat aufzusteigen und über ihn den Gipfel zu erreichen – beide Möglichkeiten sehr steil!

Wolfendorn

(2776 m) Von Südtirol aus häufig besucht, auf dieser Route wird man einsam unterwegs sein

Touren-Steckbrief

Höhenunterschied: 1450 Hm
Zeit: 4 Std.
Schwierigkeit: Mittelschwere Skitour, klettertechnisch unschwierig. Mitunter lawinengefährdet. Abfahrt vorwiegend Nord, Nordwest.
Beste Jahreszeit: Februar – Mai.

Von der Griesbergalm (1953 m) nach rechts in die steilen Hänge. Über eine Einsattelung rechts vom Gipfel und über die Südwestflanke ohne Ski zum höchsten Punkt auf.

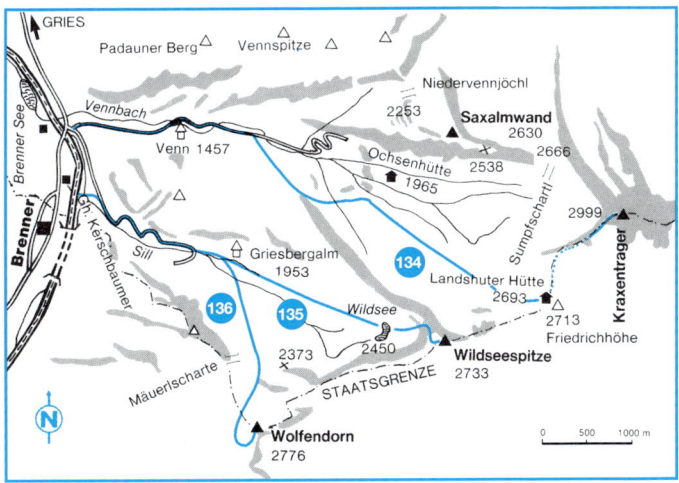

Literatur

DAV, ÖAV und **AVS** (1993, 7. A.): *Die Alpenvereinshütten*. München.
Klier, Heinrich (1996, 11. A.) und **Klier,** Walter: *Alpenvereinsführer Zillertaler Alpen*. München.
Weiss, Rudolf (1993): *Alpenvereins-Skiführer Zillertaler und Tuxer Alpen*. München.

Register

Almkogel 102
Atlas-Sportalm 70

Bärenkopf 143
Bendelstein 144, 145
Berliner Hütte 37
Berliner Spitze 39
Brandberger Seespitze 28, 31

Dominikushütte 42

Eiskarspitze 112

Finkenberg 47, 56
Fügen 77

Gammerspitze 162
Gamsstein, Kleiner 78
Gasthaus Finkau 20
Gasthaus Haneburger 108
Gasthaus Hausstatt 87
Gasthaus Innerst 88
Gasthaus Kühle Rast 26
Geier 62, 117, 153
Geißkopf 29
Gerlos 18, 22
Gilfert 84, 87, 88
Gilfert, Kleiner 84
Glungezer 126, 133
Gmünd 23
Grafensspitze 103, 109
Graue Wand 114
Gries a.Br. 171
Grinbergspitze, Mittlere 56
Grüblspitze 59
Grünbergspitze 137, 150

Hainzenberg 29, 65, 97
Hinterlarcher 134
Hintertuxer Gletscherbahn 48
Hippoldspitze 111, 104

Hirzer 104, 108
Hobarjoch 66, 99
Hochfeld 30
Hochfügen 77
Hochgeneiner Jöchl 169
Hohe Wand 45
Hohe Warte 147
Höhenbergkarkopf 26
Hoher Kopf 93, 95
Hoher Napf 164

Igls 128
Innsbruck 128

Jochgrubenkopf 165

Kaserer, Kleiner 50, 166, 168
Klammspitze 122
Kraxentrager 71, 82, 173
Kreuzjöchl 132, 135
Kreuzjöchl, Naviser 148, 152
Kreuzjöchl, Pfoner 149
Kreuzspitze 133, 138
Krovenzspitze 103

Lager Walchen 107
Lanersbach 47, 58
Lange-Wand-Spitze 58
Largoz 124
Liesn 148
Lizumer Hütte 111
Lizumer Reckner 120, 154
Lizumer Sonnenspitze 120

Madseitberg 60
Marchkopf 73, 82
Matrei 139
Mayrhofen 35
Meißner Haus 129
Misljoch 140, 142
Mölser Berg 115

Mölser Sonnenspitze 114
Morgenkogel 130, 138
Möseler, Großer 38

Nafingjoch 65, 99
Nafingköpfl 96
Navis 145
Naviser Hütte 152
Naviser Kreuzjöchl 148, 152
Nestspitze 58

Olperer 42, 49, 160, 167
Ottenspitze 162

Padauner Berg 157
Padauner Kogel 156, 172
Pangert 75
Pfoner Köpfl 134
Pfoner Kreuzjöchl 149
Pluderlinge 117

Rastkogel 64, 74
Rastkogelhütte 70
Rauhenkopf 70
Realspitze 52
Riffler, Hoher 50
Rippenspitze 164
Roller 23
Rosenjoch 137
Roßkopf 73, 83, 125
Roßlaufspitze 90, 91
Rotbachlspitze 45
Rote Wand 107

Saxalmwand 159
Schafkogel 24
Schafseitenspitze 146
Schmirntal 154, 162
Schönachtal 22
Schönbichl 22
Schönbichler Horn 37
Schrammacher 44
Schröflkogel 143

Schwarzenstein 40
Schwaz 86
Seeköpfl 135
Silleskogel 158
Sonnenspitze 151
Sonntagsköpfl 81
St. Jodok a.Br. 154
Steinach a.Br. 139
Sumpfkopf 170
Sunntiger 144

Tarntaler Kopf, Südlicher 122
Torhelm 27, 33
Torspitze 67, 114
Torwand 68, 115
Tulfes 123
Tux, Tuxer Tal 47

Ultenspitze 162

Valser Leiten 162
Valser Tal 154
Vennspitze 158
Viggarspitze 134
Viggartal 129
Volders 123
Vorderlanersbach 47

Wattener Lizum 106
Wattens 106
Wattenspitze 125
Wetterkreuz 149
Wetterkreuzspitze 77
Wildkarspitze 20
Wildofen 94
Wildseespitze 174
Wimmertal 23
Wolfendorn 175

Zamser Grund 35
Zemmgrund 35